ESPACES

3

Guide pédagogique

Guy CAPELLE
Noëlle GIDON
Muriel MOLINIÉ

Hachette F.L.E.
58, rue Jean-Bleuzen
92170 VANVES

ESPACES est une méthode à trois niveaux destinée principalement aux adultes et aux grands adolescents des établissements secondaires. Elle est conçue pour être utilisée par des enseignants de niveaux de formation différents, dans des milieux et des conditions d'utilisation très divers.

Chacun des niveaux comprend un manuel abondamment illustré, un cahier d'exercices de 96 pages, des cassettes audio et un guide pédagogique.

Réalisation : ACCORD, Toulouse
Maquette couverture : Gilles Vuillemard

ISBN 2-01-016287-0
© HACHETTE, PARIS, 1991

Avant-propos

Depuis quelques années s'est instaurée une période de calme méthodologique propice à la réflexion, à l'évaluation des idées et des matériels existant et à la création de nouveaux équilibres.

En effet, aucune méthodologie n'étend plus son hégémonie sur le domaine de l'enseignement des langues. Les derniers prétendants en date, le notionnel-fonctionnel et le communicatif, refluent ou s'assagissent. Le recul pris dans les années 80 permet de prendre conscience des apports et des limites des systèmes préconisés au cours des trois dernières décennies et de mieux mettre en perspective l'ensemble du champ. Cette réflexion a permis aux techniques pédagogiques de se diversifier : les matériels font désormais montre d'une plus grande liberté d'inspiration. On redonne sa place au linguistique dans la compétence de communication. L'écrit retrouve droit de cité, un écrit nouvelle manière qui s'ouvre à la production de textes et non plus simplement de phrases, conforte l'apprentissage et permet la mise en place de stratégies indispensables à l'apprenant.

De leur côté, les besoins en langue ont grandi et sensiblement évolué. Pour ne prendre que l'exemple le plus évident, l'Europe de demain voudra certainement conserver la richesse et la diversité de ses langues et de ses cultures en favorisant le multilinguisme et le pluriculturalisme. De ce fait la connaissance « fonctionnelle » de la langue de l'autre, qui semblait l'objectif privilégié des années 70, ne suffira plus. Dès l'école, les jeunes seront appelés à mieux connaître ceux avec qui ils devront coexister de façon plus étroite et plus fréquente. Les ambitions ne pourront plus se limiter aux seuls objectifs utilitaires immédiats. De plus, à cause de leur importance accrue dans les programmes, les langues vivantes seront probablement appelées à jouer un rôle de médiateur de formation et seront mieux intégrées aux projets éducatifs des différents pays. Le secteur adulte se diversifiera également dans ses aspirations, une meilleure connaissance de l'autre devenant indispensable dans la majorité des cas. Cette impulsion, donnée en Europe de l'Ouest, aura vraisemblablement des répercussions dans d'autres régions du monde...

Le moment semblait donc venu pour une méthode prenant en compte les nouveaux besoins prévisibles et la création d'un nouvel équilibre entre apprentissage de la langue et communication, s'intéressant autant à l'expression de concepts qu'à l'aspect strictement interactionnel, réintroduisant un contenu plus substantiel, enseignant l'écrit comme communication à part entière, et incluant dans ses objectifs non seulement les aspects récemment pris en compte, mais aussi l'acquisition de stratégies formatrices.

Telle est l'ambition d'ESPACES.

CONTENU

DOSSIERS	THÈMES	OBJECTIFS	PRODUCTIONS DE TEXTES	GRAMMAIRE	STRATÉGIES DE CONVERSATION	FRANCOPHON
1. Des stéréotypes	● Les stéréotypes.	● Prendre conscience des des différences culturelles et analyser les stéréotypes.	● Les six étapes du cycle de l'écriture.	● Comment généraliser.	● Engager la conversation.	● Définitions.
2. Je me souviens...	● Les années 80. ● Les tendances, les objets.	● Observer un document et identifier des faits et des idées significatifs. ● Faire des hypothèses sur les personnes et les milieux concernés.	● La situation de communication.	● Situer dans le temps.	● Vérifier la qualité de l'écoute de son interlocuteur.	*Traité des courte merveilles* (V. Jamek)
3. Une société à plusieurs vitesses	● Radiographie de société française. ● Des gens et des régions qui bougent...	● Classer et décrire. ● Repérer les stratégies d'argumentation. ● Définir.	● Comment trouver et organiser des idées (1).	● Mettre en valeur un élément de l'énoncé. ● La transformation passive. La nominalisation.	● Coopérer ou non avec son interlocuteur.	*Quand les Afriqu s'affrontent* (Bisikisi Tandund
4. « La Vie mode d'emploi »	● Le repli sur soi. ● Rythme de vie et de dépenses. ● Les Français et leurs loisirs.	● Prendre conscience des différences de modes de vie. ● Décrire et comparer.	● Comment trouver et organiser des idées (2).	● Comparer.	● Demander confirmation. ● Faire clarifier.	*Monnè, outrages et défis* (A. Kourouma)
5. La famille, un refuge ?	● Les relations parents-enfants. ● Le point de vue des enfants. ● Le travail des femmes.	● Analyser et com-menter des son-dages et des témoignages. ● Comparer des données.	● Comment trouver et organiser idées (3).	● Rapporter un discours.	● Se reprendre, dissiper des malentendus, reprendre sa pensée.	*L'Ogre* (J. Chessex)
6. « Que je t'aime ! »	● L'art de la rencontre. ● L'amour dans la littérature.	● Analyser et comparer des conceptions de l'amour et leur expression littéraire.	● Choix et organi-ser des contenus d'un texte.	● Qualifier et modifier le nom.	● Aborder quelqu'un.	*L'Autre* (J. Green)
7. « Moi et les autres »	● Les bonnes manières. ● Qui parle à qui ? ● Entre les «moi-je» et les «moi-nous». ● Les interactions dans les entre-prises. ● Les relations de voisinage.	● Analyser. ● Étudier des comportements sociaux.	● Écrire des paragraphes (1).	● Modifier ou préciser des éléments de l'énoncé autres que le nom.	● Inviter quelqu'un...	*Traversée de la mangrove* (M. Condé)
8. Ils y croient	● Les valeurs de la société française. ● Espoirs et peurs. ● Les valeurs des jeunes. ● La notion de charité.	● Prendre conscience d'un système de valeurs et de son évolution. ● Faire des hypothèses.	● Écrire des paragraphes (2).	● Exprimer la condition et l'hypothèse.	● Comment poursuivre et enchaîner une conversation.	*Le Sommeil délivré* (A. Chedid)

CONTENU

DOSSIERS	THÈMES	OBJECTIFS	PRODUCTIONS DE TEXTES	GRAMMAIRE	STRATÉGIES DE CONVERSATION	FRANCOPHONIE
école... et après ?	● Le système scolaire. ● Le baccalauréat. ● Les études supérieures. ● La situation de l'emploi.	● Déterminer quelques traits du système scolaire français. ● Comparer des types de formation.	● Le texte (1): l'introduction.	● Exprimer l'opposition et la concession.	● Interrompre pour prendre la parole.	*La Leçon* (E. Ionesco)
0. Le poids des mots	● La presse : panorama général. ● Les journaux d'opinion. ● Lire la « une ». ● La conférence de rédaction. ● Le langage de la pub.	● Se repérer dans un journal. ● Apprendre à « lire entre les lignes ».	● Le texte (2): le développement et la conclusion.	● Exprimer la cause.	● Recentrer la conversation, changer de sujet.	*Poètes de la Réunion* (Axel Gauvin)
11. Le paysage audiovisuel	● Les Français face à leur télé. ● Les programmes de radio et de télévision. ● La radio et ce qu'ils en disent...	● S'informer sur le paysage audiovisuel français. ● Argumenter et critiquer.	● Évaluer son texte (1).	● Éviter de nommer ou de préciser : les indéfinis, la transformation passive, les tournures impersonnelles.	● Se décommander. ● Exprimer des regrets, s'excuser.	*Tenir parole, « Les gens de mon pays »* (G. Vigneault)
12. De gauche à droite	● La politique. ● La caricature. ● Les partis et le paysage politique.	● Prendre conscience des clivages politiques et du fonctionnement des institutions.	● Évaluer son texte (2).	● Exprimer la conséquence et le but.	● Éviter de répondre directement.	*Discours* (L.S. Senghor)
13. France, terre d'accueil ?	● L'immigration. ● Points de vue actuels et historiques.	● Poser une problématique, replacer en contexte et relativiser.	● La réécriture (1): la réduction et l'étoffement.	● Prendre des précautions : modaliser.	● Les comportements non verbaux.	*L'Écrivain public* (T. Ben Jelloun)
14. « Entrée des artistes »	● Culture : l'état de la France. ● Musées et festivals.	● S'interroger sur le rôle de la culture et de l'artiste dans la société.	● La réécriture (2): le déplacement et le remplacement.	● Repérer, assurer la cohésion d'un texte.	● Insister pour retenir quelqu'un.	*Les Éblouissements* (P. Mertens)
15. Génération TGV	● Les nouvelles technologies. ● Les changements d'hier et d'aujourd'hui.	● Débattre des problèmes scientifiques et philosophiques.	● Évaluation et réécriture.	● Procédés d'analyse d'un texte.	● Analyse comparative : Pour que la conversation décolle !	*Schizophrénie linguistique* (J. Arcenaux)

Introduction au niveau 3

ESPACES 3 s'adresse aux grands adolescents et aux adultes qui veulent améliorer leurs capacités de communication orale et écrite et commencer une étude systématique de la vie actuelle en France.

ESPACES 3 est la suite logique d'ESPACES 1 et 2 et poursuit toutes leurs options, mais il s'adresse également aux apprenants venant d'autres horizons : le cycle de la production écrite, les aspects de la grammaire textuelle et les stratégies de conversation y sont explicités et documentés.

Description de l'ensemble pédagogique

ESPACES 3 se compose d'un manuel de 224 pages en couleurs, d'un cahier d'exercices, de 3 cassettes sonores et du présent guide pédagogique.

Le manuel de l'élève

Il comprend 15 dossiers, le texte d'un feuilleton radiophonique en douze épisodes, le texte des enregistrements et un index culturel.

■ Les dossiers

Chacun des dossiers comprend, outre la page d'ouverture, six pages de textes et documents en couleurs suivis d'exercices, une page consacrée à la production écrite, une page consacrée à la francophonie, deux pages traitant d'un aspect grammatical et une page axée sur les stratégies de conversation.

GIBERT JOSEPH
LIBRAIRIE

09-03-93

1*200.50

                  1 Q
     *200.50 TL
     *200.50 CA ←
       *0.00 CA →

       18-29
   000-3013

1. Les six pages thématiques "Société"

Les textes et les documents sont très actuels. La grande majorité provient d'un large choix réalisé parmi les journaux et les magazines les plus diffusés des années 89 et 90 et de romans récents. Des témoignages, des statistiques, des diagrammes, des enquêtes, des photos et des dessins humoristiques les complètent et les éclairent.

Ces pages sont centrées sur la France. Les documents écrits, extraits de magazines et d'œuvres littéraires choisis pour fournir information et matière à réflexion, sont accompagnés d'activités de repérage, d'analyse, de comparaison, de réflexion, d'interprétation de débats et de jeux de rôles. Ils ont été sélectionnés pour leur vision à la fois riche et éclairante, souvent provocante, et sont indissociables des documents oraux, interviews et témoignages, qui apportent des points de vue différenciés.

L'ensemble projette sur un thème donné des éclairages divers et parfois conflictuels qui tentent de resituer chacun des objets proposés, texte ou document visuel, dans un contexte social et culturel. Cet ensemble est divisible en sous-unités d'étude.

Des auxiliaires ont été prévus pour faciliter la lecture : notes lexicales, sur la page même, notes culturelles dans l'index de fin de volume, nombreux exercices de langue, soit pour éclairer un point de grammaire nécessaire à la compréhension, soit pour présenter une structure servant à mettre en œuvre un procédé d'écriture comme la définition ou la comparaison, soit pour aider à repérer l'organisation textuelle.

Le premier dossier est centré sur la notion de stéréotype dont il fait découvrir la vision partiale et réductrice que les dossiers suivants s'efforcent de corriger et de replacer dans une perspective dynamique.

2. La page "Production écrite"

Elle systématise et développe l'approche mise en œuvre dans les deux premiers niveaux d'ESPACES. Chacune des six phases du cycle de l'écriture y est décrite en détail et accompagnée d'exercices.

Cette page permet une révision et un approfondissement des thèmes du dossier, mais surtout une réflexion sur le fonctionnement de la langue en situation de communication, le perfectionnement de stratégies formatrices et l'auto-évaluation.

3. La page "Espace francophone"

Cette page est entièrement consacrée à l'extrait d'une œuvre littéraire francophone accompagnée de notes, à des illustrations évocatrices et à une courte information sur un aspect, politique ou culturel, de la francophonie. Les textes ne sont pas suivis d'exercices mais leur thème est, le plus souvent, proche de celui des pages précédentes et des rapprochements pourront être esquissés.

Les textes, choisis pour leur qualité littéraire et pour leur représentativité, risquent d'être difficiles pour des étudiants d'un niveau moyen. Le professeur devra décider s'il doit en conseiller la lecture. Le cas échéant, il devra compléter l'appareil, succinct, de notes. Dans tous les cas, il conviendra d'éviter de les utiliser comme support de présentations grammaticales et de les écraser sous un appareil pédagogique lourd.

Ces appareils textes sont proposés surtout pour attester la richesse des cultures francophones et la qualité de leurs littératures.

4. La double page de "Grammaire"

Cette double page présente soit des regroupements d'aspects déjà étudiés (comme l'expression de la concession), soit des aspects nouveaux de la grammaire textuelle (procédés de mise en texte, modalisation, cohésion...) suivis d'exercices d'application.

La grammaire d'ESPACES 3 est donc, d'une part, un complément des aspects grammaticaux traités dans les deux premiers niveaux et, d'autre part, une réflexion d'un type nouveau, en partie préparée par le travail réalisé en production écrite.

5. Les "Stratégies de conversation"

Ces pages mettent l'accent sur les stratégies employées dans la langue orale courante pour agir sur le cours de la conversation (interruption, relance, confirmation...). Le contenu ne présente pas de difficultés de compréhension afin que toute l'attention puisse se porter sur les tactiques mises en œuvre et les actes de paroles qui les réalisent. La transcription des scripts n'est fournie que pour mémoire.

Ces pages servent également à favoriser la production orale libre. La transcription des scripts n'est fournie qu'en cas de besoin.

■ L'index culturel

La compréhension d'un document dépend largement des savoirs que le lecteur partage avec l'auteur. Cependant, une partie des références culturelles liées à la société française contemporaine n'est pas nécessairement connue du lecteur extérieur : c'est pourquoi un index a été prévu qui explicite aussi bien les sigles utilisés dans les textes que les allusions à tel ou tel personnage.

Ces indications auraient pu figurer en regard des documents eux-mêmes mais de nombreuses répétitions se seraient imposées. De plus, en feuilletant les pages de l'index, l'apprenant se familiarisera avec l'ensemble des clarifications fournies.

■ Le feuilleton radiophonique

Les douze épisodes de « Une femme, un homme » nous font vivre l'histoire d'amour à rebondissements de Marc, le chirurgien, et de Nathalie, la journaliste, sur fond de problèmes professionnels et psychologiques, et de vie quotidienne.

Le cahier d'exercices

Le cahier d'exercices propose, en priorité, de nombreux exercices de langue, lexique et grammaire, qui se révèlent toujours indispensables à ce stade de l'apprentissage. On y trouvera également des documents originaux permettant de s'exercer aux techniques de décodage d'un document de civilisation et des propositions pour la production écrite.

Les « corrigés » de la plupart des exercices sont donnés en fin de ce guide pédagogique, de sorte qu'il sera aisé de les photocopier et de les remettre aux apprenants, si on décide de favoriser l'autocorrection.

Les enregistrements sur cassettes

Trois cassettes « audio », chacune d'une durée d'une heure, contiennent les enregistrements des interviews et des témoignages qui font l'objet d'exercices dans les dossiers, ainsi que le feuilleton radiophonique « Une femme, un homme ».

Le guide pédagogique

Le présent guide pégagogique comprend une introduction générale, des conseils pour chacun des dossiers et les « corrigés » de la plupart des exercices du manuel et du cahier.

S'il est destiné à alléger la tâche des professeurs, il ne prétend, en aucun cas, supprimer l'initiative personnelle. Il provoquera d'ailleurs souvent la réflexion et même la critique !

Objectifs généraux

■ Favoriser l'acquisition de savoirs et de savoir-faire

● En donnant accès à des points de vue variés sur des faits de société, ESPACES 3 est délibérément axé sur la France des années 90. La vision est donc synchronique et les points de vue actuels. Cependant, si les thèmes traités couvrent un champ apparemment vaste, il ne peut s'agir que d'une vision parcellaire. Dans la mesure où ce matériel s'adresse à un public de grands adolescents et d'adultes, ESPACES 3 s'est orienté vers des thèmes et des activités qui font appel à l'esprit critique de l'utilisateur.

● En faisant acquérir des procédés de lecture et de décodage de matériaux textuels, visuels et sonores.

● En invitant l'apprenant à utiliser ses propres outils d'analyse pour aborder les contenus culturels du manuel.

• En lui permettant de maîtriser à la fois la dimension linguistique et la dimension culturelle d'une compétence de communication : les supports et les activités proposés l'ont été autant pour leur valeur culturelle que pour l'intérêt qu'ils présentent au niveau linguistique afin de ne jamais donner à la question «Comment le dire ? » le pas sur les questions du «Quoi dire ? » et du «Que communiquer ? ».

■ Mettre en œuvre le cycle de l'écriture et affiner les critères d'évaluation des textes produits

Reprendre, en les détaillant, les six étapes du cycle de l'écriture. Insister plus particulièrement sur les procédés heuristiques de la recherche et de l'organisation des idées et sur toute la partie évaluative.

Faire acquérir des procédés de développement : généralisation, définition, expression de la cause et de l'effet...

Faciliter et rationaliser la mise en texte.

■ Développer l'initiative personnelle, l'auto-évaluation et l'autonomie

• Grâce à des activités créatives.

• Grâce à des activités autogérées et à des activités de groupe.

■ Perfectionner la connaissance et l'appropriation du système linguistique

• En multipliant et en diversifiant les activités d'expression et de compréhension écrite et orale.

• En poursuivant la réflexion sur le fonctionnement de la langue dans la communication.

• En approfondissant la découverte et l'acquisition de stratégies interactives propres à la communication orale.

Remarque importante :

Les informations proposées dans ESPACES 3 sont destinées non seulement à éclairer l'apprenant sur des contextes et des faits culturels, mais aussi à l'inciter à adopter une attitude critique vis-à-vis de toute donnée culturelle. Toute information doit donc être abordée avec un outillage critique minimal :

- qui donne cette information ? (source),
- à qui ? (public),
- par quelle voie ? sur quel support ?
- dans quelles conditions ? (à quel moment de la vie sociale, condition de réalisation de l'interview ou du sondage...),
- dans quel but ?

Même si elles ne sont pas systématiquement rappelées par les auteurs, ces questions doivent être présentes à l'esprit des apprenants et de l'enseignant.

L'information elle-même n'est traitée qu'ensuite. Elle est d'abord considérée comme un indice sociologique et culturel relatif. Les données « intangibles » étant le plus souvent le fruit de représentations dominantes, nous n'avons pas la prétention de fournir un savoir encyclopédique sur la « France des années 90 » ! C'est pourquoi nous avons surtout retenu de la société française les aspects qui incitent le natif comme l'étranger à se poser des questions sur la modernité, ses tendances et ses ruptures, et à s'intéresser aux mentalités et aux mœurs de ses contemporains. En outre, nous avons choisi d'accorder plus d'importance à des activités favorisant la distanciation et la comparaison qu'à la transmission de savoirs que nous supposons déjà construits chez l'apprenant. C'est pourquoi les faits culturels, forcément parcellaires, que nous avons sélectionnés réclament une approche active et différenciée selon les documents abordés.

Comme, de plus, c'est en réfléchissant à sa propre identité culturelle que l'apprenant affinera progressivement sa perception de la culture de l'Autre, nous souhaitons qu'il questionne sa propre culture autant que les pratiques des Français, afin d'identifier les pièges de l'ethnocentrisme et de repérer, le cas échéant, ses « erreurs » de jugement et ses impairs culturels.

On ne perdra pas de vue, d'autre part, que les documents ont été choisis autant pour l'intérêt qu'ils présentent du point de vue linguistique que pour leur valeur de témoignage culturel et que les apprentissages linguistiques et culturels gagnent souvent à ne pas être dissociés, même si, à certains moments, on privilégiera des activités plus spécifiquement centrées sur l'un ou l'autre de ces apprentissages.

Procédures

En dehors des trois premiers dossiers (analyse des stéréotypes, danger de la généralisation trop rapide et des idées reçues et mise en place de l'approche générale des faits de civilisation), l'ordre d'étude des dossiers n'est plus imposé à ce niveau ni le choix des documents à privilégier à l'intérieur d'un dossier. (Des aménagements seront cependant nécessaires en ce qui concerne certaines pages de « Production écrite », par exemple.)

L'unité de travail est la page ou la double page, selon les cas.

Compréhension des textes _____

La compréhension des textes proposés peut être schématisée ainsi :

■ Sensibilisation au thème

• Soit en faisant découvrir préalablement ce que le groupe sait, ignore ou aimerait savoir. À cette occasion peuvent être résolus à l'avance quelques problèmes de lexique et fournies quelques informations indispensables à la compréhension.

• Soit en s'appuyant sur un examen des illustrations qui accompagnent le texte et/ou sur un survol du texte lui-même. On ira alors jusqu'à anticiper le contenu du texte et à faire exprimer les attentes qu'il suscite.

■ Clarification de la situation de communication *(Qui écrit, pour qui, dans quelle publication, à quelle occasion ?)*
On pourra constater ou deviner la fonction du texte mais on ne pourra pas, pour l'instant, aborder les intentions de l'auteur.

■ Lecture individuelle silencieuse de tout ou partie du texte et, éventuellement, prise de notes

■ Repérage individuel ou collectif des faits exposés et des indices culturels significatifs (On pourra utiliser des guides pour ce repérage (tableaux, listes, questions).

■ Analyse de la démarche de l'auteur du texte, de ses méthodes d'exposition ou d'argumentation. Clarification de ses intentions et de son message. Cela supposera l'identification de la structure du texte, de ses articulations logiques, des sous-entendus, des aspects tactiques...

■ Rapprochement d'indices et formations d'hypothèses sur le comportement, les habitudes socio-culturelles des Français « Vérification » de ces hypothèses grâce au contexte, à la comparaison avec d'autres documents ou à l'expérience acquise.

■ Discussion-débat sur la validité et la généralité des faits et des notions véhiculés dans le texte

■ Activités d'écriture partant du texte et de son élucidation en classe et allant, selon les niveaux, du simple compte rendu du texte ou des débats à l'approfondissement d'une problématique

12

Utilisation des documents visuels ─────

Ils sont, le plus souvent, à examiner parallèlement aux textes. Certains d'entre eux, toutefois, font l'objet d'un examen séparé, soit, pour annoncer un thème, soit au contraire, pour le conclure sur une note humoristique.
Il s'agira d'abord de replacer le document dans son contexte socio-culturel et de rappeler les circonstances de sa production. On fera, ensuite, des hypothèses sur sa signification.

Les caricatures d'hommes politiques, par exemple, serviront non seulement à caractériser l'homme, mais aussi à se poser la question de savoir comment les Français jugent la vie politique. Les hypothèses seront alors confrontées au contenu des autres documents.

Les diagrammes (camemberts, histogrammes, tableaux statistiques, résultats d'enquête) sont analysés pour l'information qu'ils apportent et serviront de tremplin pour des illustrations anecdotiques et des débats. Il importera de les faire décrire avec précision avant de les interpréter.

Les photographies des pages d'ouverture fourniront maintes occasions d'approfondir les notions de « message » et de « représentation » : quelle image est donnée de l'amour (D.7), de l'art (D.14), de la jeunesse (D.9), à travers le point de vue des photographes !

Compréhension orale ────────────────

On trouvera la transcription des interviews et des témoignages à la fin du manuel.

■ Pages thématiques et stratégies de conversation

Les indications qui suivent s'appliquent tant aux documents oraux des pages thématiques qu'aux pages consacrées aux stratégies de conversation, ainsi qu'aux documents extérieurs que le professeur choisira d'utiliser.

● On pourra faire réécouter le document plusieurs fois à condition de poser chaque fois un problème différent aux apprenants comme le repérage de particularités d'expression, d'événements, de faits, d'une forme de discours ou la confirmation d'une hypothèse, la recherche d'arguments...

● On pourra en faire varier le niveau de difficulté :
- à l'audition, avec ou sans présensibilisation, avec ou sans transcription, en découpant le document, en procédant à plusieurs écoutes...
- à l'exploitation, en fournissant des guides, en limitant la portée des réactions requises...

● On pourra les exploiter à deux fins :
- pour l'information qu'ils contiennent,
- pour leur manifestation de traits propres à la communication orale.

1. L'information

a. On commencera par faire des hypothèses sur la situation de communication en identifiant l'un ou l'ensemble des paramètres suivants:
- nature du document (interview ou témoignage, origine...),
- locuteurs (qui parle, à qui, pour qui),
- circonstances (où et quand, à quelle occasion),
- intentions (pourquoi).

b. Surtout si le document est particulièrement ardu, on fera repérer les groupes de sens, certaines constructions syntaxiques, les références internes, les mots importants...

c. On vérifiera la compréhension de plusieurs manières.
- sans production langagière:
• commentaires du professeur auxquels les apprenants répondent par *vrai* ou *faux*,
• questions à choix multiples,
• questions fermées,
• mise en relation avec un autre document connu...

- avec production langagière:
• repérage de l'idée centrale qui devra être reformulée,
• paraphrase de courts passages,
• prise de notes à des fins diverses mais précisées au départ,
• contraction du texte,
• dictée globale,
• encouragement de réactions spontanées...

d. On commentera le texte en groupe et on organisera, au besoin, une discussion-débat sur les idées qu'il contient.

2. La manifestation de traits propres à la communication orale

a. Reconnaissance des traits phonétiques.
- accent des locuteurs et particularités régionales,
- traits prosodiques: pauses, accents d'insistance, variations de la courbe mélodique...

b. Reconnaissance des aspects morphologiques, syntaxiques et discursifs.
- morphologie: marques de personne, de genre, de nombre, de temps et de mode, de pronoms compléments et de leurs référents qu'on pourra, le cas échéant, comparer avec les marques écrites correspondantes,
- syntaxe: découpage du texte en groupes de sens selon des critères sonores (attaques, pauses, accents, intonations, mots d'appui comme *euh, ben,* repérages des ruptures...),
- discours: marques des interlocuteurs, repérage des moyens utilisés pour structurer et orienter la conversation, citations et énoncés rapportés, anaphores, marqueurs logiques, références socio-culturelles, sous-entendus, registre de langue.

On essaiera, chaque fois, d'attribuer une fonction aux marques orales ainsi repérées.

Enfin, le professeur pourra créer un matériel de complément :
- guides à l'écoute comme grilles, listes, résumés imprimés distribués à l'avance,
- transcriptions piégées sans ponctuation ni majuscules, avec des éléments intrus à faire éliminer, avec des trous, avec des éléments déplacés...

■ Le feuilleton : pistes d'exploitation

Dans la mesure du possible, on évitera de faire trop d'exercices sur un enregistrement destiné avant tout au plaisir de l'écoute. Cependant, on pourra occasionnellement :
- faire faire des résumés, à tour de rôle, des épisodes précédents,
- faire bâtir des hypothèses sur les épisodes à venir
- faire mémoriser et rejouer, avec variantes, des scènes très courtes,
- faire imaginer la première scène de l'épisode suivant et la faire jouer...
  On comparera avec la scène enregistrée.

Production orale _____

Elle interviendra à tous moments dans la classe pour discuter « métalinguistiquement » des problèmes posés par les activités proposées au groupe, pour débattre du contenu des documents, pour rechercher des idées, évaluer des productions, pour préparer et réaliser les jeux de rôle.

On distinguera entre des phases réservées à des activités communicatives pendant lesquelles les interactions dans le groupe seront privilégiées (ces phases seront rarement interrompues par des corrections), et des phases de mise au point de l'expression au cours desquelles on insistera sur les aspects sémantiques, morphologiques et syntaxiques de l'expression, la structure des échanges, les stratégies de conversation.

Production écrite _____

Des indications précises assorties d'exercices sont fournies dans les dossiers où chaque huitième page est entièrement consacrée à cette activité. Ces pages sont organisées séquentiellement, en fonction des étapes définies pour le cycle de l'écriture. Nous conseillons aux professeurs qui n'auraient pas utilisé ESPACES 1 et 2 d'examiner l'ensemble de ces quinze pages, ainsi d'ailleurs que les remarques sur la grammaire textuelle des pages « Grammaire », avant d'aborder la production écrite en classe. En effet, les activités de production écrite ne se répartissent pas aussi naturellement dans la pratique et il n'est pas exclu qu'à un moment donné on ait à faire appel à des stratégies ou à des concepts dans d'autres dossiers.

Rappelons que la production écrite est une activité à privilégier dans l'apprentissage. C'est la seule activité langagière dans laquelle l'apprenant est à la fois producteur de langage et, en même temps, son propre récepteur s'il veut tenir compte des réactions possibles de son lecteur!
C'est également la meilleure façon d'analyser le phénomène de la communication et de réfléchir au fonctionnement du langage dans la transmission des messages.

Dans le niveau 3 d'ESPACES, les activités de production écrite sont conçues en général pour permettre une révision du contenu du dossier et une réflexion sur ses implications.

On consultera avec profit

● *Les pratiques culturelles des Français, 1973-1989,* La Découverte/La Documentation française, 1990.

● Geneviève Zarate, *Enseigner une culture étangère,* F/Recherches/Applications, Hachette, 1986.

● Sophie Moirand, *Une grammaire des textes et des dialogues,* F/Autoformation, Hachette, 1990.

● P. Bertocchini et E. Costanzo, *Manuel d'autoformation,* F/Autoformation, Hachette, 1989.

ESPACE SOCIÉTÉ ─────────────

Représentations

pages 8 - 9

1

DES STÉRÉOTYPES

Les stéréotypes sont très répandus et bien ancrés dans l'esprit des gens. Ils ont un grand pouvoir simplificateur, ils satisfont en général les attentes de ceux qui les répandent car ils leur assurent une certaine supériorité sur les gens ou les communautés culturelles qu'ils caractérisent sommairement et partialement. De plus, ils donnent l'impression de « savoir ».
C'est pourquoi ils constituent un danger pour les auteurs de manuels et les professeurs qui, voulant présenter les éléments permanents d'une culture, recherchent « l'indémodable », et pour les élèves qui recherchent les schémas et les cadres simplificateurs. À tous ils apportent un sentiment fallacieux de stabilité sécurisante.
L'objectif de ce premier dossier consiste à en montrer la rigidité et la fausseté et à leur substituer une vision des choses plus dynamique et plus nuancée.

Les stéréotypes présentés ici serviront de repoussoir : ils offriront un schéma de départ à remettre en cause et à dynamiser. Grâce à eux, les étudiants prendront conscience des dangers des généralisations et des jugements trop hâtifs et du fait qu'une représentation culturelle est toujours influencée par l'expérience personnelle qu'on a dans sa propre culture.

Avant d'aborder un thème ou un problème, on s'efforcera de partir de la connaissance qu'en ont les étudiants et on leur fera rechercher l'influence qu'exerce leur propre culture sur leur jugement. On s'apercevra, chemin faisant, que la vérité est souvent relative...
On peut utiliser la photo de la page de présentation pour proposer une première approche du dossier. En quoi cette image illustre-t-elle le thème du dossier ?
Pendant cinq minutes et par groupes de trois, les étudiants étudieront tous les mots qui leur viennent à l'esprit en observant l'illustration (et en feuilletant rapidement le dossier).
Par exemple des mots : *boulanger, pain français, petit commerce, nourriture, manger, baguette, chaude, croustillante, farine,* « du pain, du vin, du boursin » (slogan d'une publicité pour le fromage « Boursin » : le pain appelle le vin et le fromage, stéréotype du Français gros mangeur et bon buveur)...
Interprétation : le stéréotype du Français, déjà ancien, qui porte un béret, une baguette de pain, un camembert et un litre de vin rouge (cf. le dessin, page 11).
On commencera par un travail de recherche et d'analyse des images que les étudiants ont construites sur la France et les Français. Le travail en groupe constitue un premier moment des apprentissages culturels. La mise en commun et la confrontation des représentations et des opinions a quatre fonctions. C'est :
a. une activité conversationnelle guidée et non simulée,
b. le moment où on confronte les représentations que chacun a de sa culture maternelle,

17

c. le moment où chacun peut transmettre aux autres quelques aspects de son univers culturel personnel,
d. un moment de coproduction de savoirs, une expérience d'interaction avec les autres.

1

▶ **Test - Choisissez la réponse qui vous paraît la plus juste.**

Ce test a pour objet de faire émerger les représentations individuelles et les stéréotypes collectifs présents dans le groupe. Chaque étudiant répond aux onze questions et se trouve confronté à ses propres images ou opinions qu'il devra ensuite questionner.

1. 58 millions. - **2.** 120 millions. - **3.** 40. - **4.** 3 pays. - **5.** 4e exportateur mondial. - **6.** Paris - Marseille - Lyon. - **7, 8, 9, 10 et 11 :** libres.

▶ **1 à 5 - Exercices libres.**

Les discussions qui suivront le test et les différentes activités permettront d'identifier et d'apprécier la diversité, ou au contraire l'homogénéité, des représentations dans le groupe. Poser les questions suivantes : « Y a-t-il des représentations collectives ? D'où viennent-elles ? Comment se sont-elles construites ? Quelle part a pris l'expérience personnelle dans cette construction ? »
Par ailleurs, on évaluera le degré de familiarité qu'ont les étudiants avec leur culture maternelle et on mesurera leur capacité à faire des hypothèses sur la construction de leurs représentations culturelles...
Par exemple, le publiciste ne conçoit pas le même message selon qu'il s'adresse à telle ou telle catégorie de clientèle parce qu'il sait que l'appartenance à une catégorie professionnelle, ainsi qu'à une nationalité, influe sur la façon d'imaginer la France.
Chaque étudiant « publiciste » devra analyser les attentes de sa clientèle. Il sera ainsi amené à découvrir de quelle idée il se sent lui-même le plus proche et, *a contrario*, le plus éloigné : France mosaïque, France en marge, France qui réussit...

▶ **6 - C'est leur point de vue !**

La réflexion menée ici porte sur les pièges de l'ethnocentrisme. Paul a surtout été sensible aux progrès technologiques et au rythme lent de la vie.
Wanda a, elle aussi, été marquée par le rythme de vie, mais à la différence de Paul, elle semble dans son élément. Ce calme lui rappelle sa culture d'origine, alors que Paul, même s'il apprécie cet art de vivre, a du mal à tout accepter. Le « retard », que lui, en tant que Californien, supporte mal, n'est que le symbole d'une profonde différence culturelle.

Les habitudes acquises dans l'environnement culturel maternel sont difficilement remises en question et constituent un obstacle sérieux à la perception d'une culture étrangère.

▶ **7** et **8** - **Exercices libres.**

Sensibilisation aux pièges de la généralisation. En tant que locuteur d'une langue étrangère, on est censé être un informateur valable sur sa propre culture. On doit donc essayer de donner des réponses précises qui relativisent notre point de vue (car personne ne détient la vérité sur sa propre culture!).

S'il n'y a pas de «point de vue objectif» sur une société, on peut, par contre, apprendre à objectiver l'information ou la réponse que l'on donne. Il suffit pour cela d'expliquer son point de vue.

Les Français tels qu'ils se voient   page 10

▶ **1** - **Que de généralisations!**

	Français d'hier	Français d'aujourd'hui
Carrière	Sécurité avant tout *(exprimé)*	Profession moins sûre mais plus stimulante *(sous-entendu)*
Partis politiques	Engagement politique *(sous-entendu)*	Désaffection croissante *(exprimé)*
Lieu de travail et de vie	Dans sa région d'origine *(exprimé)*	N'importe où en France et même à l'étranger *(exprimé)*

▶ **2** - **Quelles questions a-t-on posées?**

Réponses possibles:

1. Est-ce que vous avez des amis étrangers?
Seriez-vous prêt à envoyer vos enfants à l'étranger?
Vous arrive-t-il d'aider des étrangers en difficulté?

2. Qu'est-ce que c'est, pour vous, réussir sa vie ?
Est-ce que vous considérez que l'argent que l'on gagne est quelque chose dont on ne doit pas être fier ? Comment considérez-vous quelqu'un qui a créé son entreprise ?

3. Jugez-vous que l'État s'occupe trop, assez, pas assez des affaires individuelles ?

4. Faites-vous plutôt confiance aux hommes qui nous gouvernent ?
Pensez-vous que les gens qui font de la politique le font parce qu'ils y croient et sont sincères, ou parce qu'ils recherchent le prestige et le pouvoir ?
Aimeriez-vous que vos enfants fassent de la politique ?

5. Partiriez-vous à l'étranger pour avoir une meilleure situation ?
Vous êtes chef du personnel dans une administration. Sur quel(s) critère(s) vous basez-vous pour la promotion des employés : ancienneté, esprit d'initiative, compétence, productivité ?

▶ **3** et **4** - **Exercices libres.**

Clichés en noir et rose

page 11

▶ **5** - **À chacun sa vérité.**

Le côté bon vivant, casanier, râleur.
À ces clichés, on peut opposer les clichés relatifs aux Allemands, sérieux, propres, aux Espagnols, dépensiers et aimant se coucher tard, aux Anglais, froids, ne sachant pas faire la cuisine, aux Italiens, gais et sûrs d'eux. Leurs jugements révèlent leurs propres choix culturels.

▶ **6** - **Comment se voient-ils ?**

Art de vivre	Valeurs culturelles et intellectuelles	Valeurs idéologiques
1.	X	
2.		X
3. X		

7 - Exercice libre.

Rappelons que les activités, tours de table, débats, enquêtes, centrées sur les cultures maternelles des étudiants, font bien partie d'une dynamique interculturelle. « À s'ignorer soi-même, on ne parvient jamais à connaître les autres; connaître l'autre et soi est une seule et même chose. » (Todorov, *Nous et les autres*, Seuil, 1988.)

1

Cyrano de Bergerac

pages 12 - 13

Cyrano de Bergerac, un film de Jean-Paul Rappeneau d'après l'œuvre d'Edmond Rostand (éléments empruntés au *Monde* du 7/03/91).

Grâce à son réalisateur, Jean-Paul Rappeneau, et au comédien Gérard Depardieu, l'œuvre de Rostand a connu dès le 28 mars 1990 « une aventure planétaire ». Partout, le public a eu des raisons particulières d'aimer le film.

Jean-Paul Rappeneau raconte l'accueil qui a été réservé à son film à l'étranger : « Je suis arrivé au Québec pendant la crise constitutionnelle (qui remettait en cause le statut de la "belle province" au sein du Canada), en pleine renaissance du mouvement indépendantiste. Pour eux, le film était un hymne à la langue française, une sorte de manifeste. ».
À Varsovie, le film est montré sans sous-titre ni traduction à un public bouleversé, en larmes. « À la fin de la projection, j'ai dit que l'un des rares mots qui rimaient avec Gascogne était Pologne... J'ai partout souligné que le film raconte l'histoire d'un homme qui refuse la normalisation. »
En Hongrie (où le film a été tourné) le succès est total. En Allemagne également. À Calcutta : « À la fin de la projection du film, un Bengali me dit : "Jamais je n'aurais cru qu'un film occidental pourrait m'émouvoir à ce point". » Pour Jean-Paul Rappeneau, « le grand bonheur de tous ces voyages fut de découvrir l'universalité d'un film qu'on croyait tellement français ».

Et chez vous, quel accueil a été réservé à ce film ?

▶ 1 - Cherchez les stéréotypes.

a. Qu'ils sont vantards. - **b.** Qu'ils sont courageux. - **c.** Qu'ils aiment leur région, qu'ils sont héroïques.
Ils ont le sens du sacrifice, ils sont patriotes, ils sont bon vivants...

▶ 2 - Exercice libre.

21

▶ 3 - Imaginez !

la flûte des bois... lent galoubet... meneur de chèvres... le petit pâtre brun... verte douceur des soirs.

Proposition de texte :

Dans le vert pays de Gascogne, on entend résonner dans la lande et la forêt le lent galoubet des petits pâtres bruns qui, dans la douceur du soir, mènent les chèvres dans le val le long de la Dordogne.

ESPACE FRANCOPHONIE ——————————— page 15

Aucun exercice n'est proposé pour cette page dont l'utilisation est laissée entièrement à l'initiative du professeur.

On pourra cependant, ici par exemple, attirer l'attention des étudiants sur la variété et les richesses du monde francophone. Après avoir lu les déclarations de la page 15, ils pourront essayer de classer les différents arguments avancés par les personnes citées, dégager les convergences, prendre conscience du nombre et de la diversité des cultures francophones.

ESPACE LANGUE ——————————————————

Production de textes

Rappel des six étapes du cycle de l'écriture
page 14

Cette section revient, en les approfondissant et en les raisonnant, sur les activités de production écrite présentées dans les deux premiers niveaux d'ESPACES. La première étape consistera pour ceux qui ont travaillé avec ESPACES en un simple rappel. Pour les autres, il s'agira de faire prendre conscience de la « méthode » préconisée dont les différentes phases seront détaillées dans les dossiers suivants. Le professeur aura donc intérêt à parcourir les 15 pages consacrées au cycle de l'écriture dans le manuel et de se référer, le cas échéant, aux activités de productions écrites proposées dans les deux premiers niveaux d'ESPACES.

■ 1 - Quelle est la situation d'écriture ?

Avant même de chercher des idées, et à plus forte raison d'écrire, il est indispensable de préciser :
- si on écrit en son nom ou au nom d'une autre personne (ici, la chaîne d'agences de voyages),
- si on peut définir les gens à qui on s'adresse (ici, étrangers acheteurs potentiels de voyages : de quel niveau social, désireux de faire quel type de voyages, capables de payer combien, ayant quelles habitudes culturelles...),
- si on est en mesure de définir ses objectifs et ses intentions avec précision (ici, attirer des touristes étrangers, leur faire découvrir quelques lieux ou quelques coutumes qui peuvent les séduire, les convaincre de venir en France...),
- si on sait quoi dire ou si on a accès à une bonne documentation.

Ces réflexions débouchent nécessairement sur le choix d'un support pour la transmission du message (ici, soit une pub à faire passer dans des magazines ou des journaux, soit un texte destiné à une brochure touristique, par exemple). Le genre du texte une fois défini, on devra respecter les contraintes.
Ce sont les étudiants qui apporteront les réponses à chacune de ces questions si on les met « en situation de communication écrite ». Ces réponses, une fois données, serviront de référence à toutes les phases suivantes de l'activité.

Rappel : on ne peut pas parler de production écrite si tous les paramètres de la situation de communication ne sont pas préalablement définis.

Les exercices 2 à 6 sont libres. En se reportant aux pages « Production de textes » des dossiers suivants, on en trouvera la justification.

On n'essaiera pas de présenter en détail le « cycle de l'écriture », mais simplement d'y sensibiliser les étudiants qui le découvriraient à ce stade de leur étude du français.

Grammaire

Comment généraliser
pages 16 - 17

■ 1 - Classez les phrases suivantes par niveau croissant de généralité.

1 - 2 - 4 - 3
2 - 4 - 3 - 1

■ 2 - Classez ces phrases par niveau décroissant de généralité.

3 - 2 - 1 - 4

■ 3 - Remplacez les expressions de fréquence par des expressions de quantité équivalentes.

1. Certains Espagnols détestent la France.
2. La plupart des Britanniques sont pleins de leur supériorité.
3. Beaucoup de Français sont agressifs.
4. Les femmes sont toutes désavantagées.
5. Tous les stéréotypes sont des simplifications.

■ 4 - Remplacez les expressions de quantité par des expressions de fréquence.

1. Les grands hommes sont très souvent insupportables...
2. Les gens de cette région sont généralement accueillants.
3. Les Parisiens sont souvent énervés.
4. Les Français sont quelquefois agressifs.
5. Les hommes sont toujours des machos.

Stratégies de conversation

Engager la conversation
page 18

La dernière page de chaque dossier met l'accent sur les principaux comportements langagiers utilisés pour orienter un échange oral. Ni les thèmes ni le langage ne sont nouveaux pour les étudiants. L'attention doit se porter sur les stratégies de conversation : repérage, enrichissement, réemploi.

Le repérage se fait d'abord oralement. On ne se reportera aux textes imprimés qu'en cas de besoin.

Les jeux de rôle seront préparés en groupe. Au cours de l'interprétation, on notera les stratégies employées et leur adéquation à la situation. Des variantes plus appropriées seront proposées. Toute prise de parole sera encouragée.
Cette procédure est valable pour toutes les pages du manuel consacrées à cette rubrique.

ESPACE SOCIÉTÉ _____

Je me souviens... des années 80   page 20

Dans ce dossier, nous avons voulu faire partager à l'apprenant quelques-unes des images qui resteront dans la mémoire collective des Français lorsqu'ils se souviendront des années 80. Bien sûr, un étudiant n'a pas les mêmes souvenirs qu'un cadre ou qu'un chômeur ! C'est pourquoi, en sélectionnant des témoignages et des documents variés, nous avons essayé de diversifier les points de vue et de faire croiser les regards sur la décennie.
Que reste-t-il dans la mémoire d'une période de la vie ?
Des souvenirs personnels, certes, mais aussi la marque d'événements importants ou d'idées, de comportements, d'objets qui semblent caractéristiques.
La photo de la page d'introduction mérite qu'on s'y attarde. Elle évoque le faste du défilé du 14 juillet 1989 sur les Champs-Élysées évoqués par l'Arc de Triomphe de la place de l'Étoile.

Comme pour le premier dossier, les étudiants écriront les mots qu'évoquent pour eux la photo, par exemple : *haute couture, luxe, bleu-blanc-rouge* (les trois couleurs du drapeau français), *métissage, classicisme et fantaisie, modernité et histoire...*

Ils pourront peut-être en déduire que ce défilé, créé par Jean-Paul Goude, célèbre publiciste et décorateur, illustre le « look » (branché et original) qui a marqué les années 80.
On rapprochera cette photo de celles des mannequins de Christian Lacroix (page 20), de celle du Forum des Halles, espace « branché » par excellence (page 21), et de celle de la page 43 du Dossier 3 où le mobilier dessiné par Philippe Stark pour le café Costes a donné son look définitif au design à la mode. Les imitations de ce modèle ont été très nombreuses.

▶ **1 - Exercice libre.**

▶ **2 - De quelle nature sont-ils ?**

Politique : 1. 6. - *Économie :* 3. 11. 13. - *Relations humaines :* 2. 7. - *Esprit d'entreprise :* 3. - *Sport-aventure :* 3. 4. 8. - *Arts-mode :* 1. 14. - *Loisirs :* 1. 9. - *Mode de vie :* 2. 5. 7. 8. 10. 11. 15. - *Technologie :* 5. 12. 6

▶ **3** et **4 - Exercices libres.**

▶ 5 - Qu'ont-ils à dire ?

1. *Points communs ou proches :* le bonsaï avec Nicole - la pollution des villes avec Jean-Paul - *Bifidus* choisi par Jean-Paul (le yaourt « qui mange les graisses », aliment diététique) et le yaourt 0% de matière grasse - le 14 juillet 1989 et les mannequins du même défilé, choisi par Jean-Paul - la lambada et les musiques d'ailleurs, choisies par Jean-Paul et Nicole.
Le reste est assez ou complètement différent.

2. Ils lisent beaucoup de journaux et de livres. Ils ne regardent pas n'importe quoi à la télévision. Ils appartiennent à un milieu intellectuel. Jean-Paul a voté socialiste (10 mai 1981), Nicole s'intéresse à l'écologie. Ils sont tous deux contre le racisme (Jean-Paul se souvient des concerts de SOS-Racisme, Nicole se souvient de Mandela). Ils n'habitent pas Paris *(quand on « monte à Paris »).*

Renseignements complémentaires sur les deux personnes interviewées :
Nicole et Jean-Paul vivent actuellement à Agen. Nicole est infirmière psychiatrique dans la fonction publique depuis dix ans. Auparavant, elle avait fait de nombreux métiers. Elle a 45 ans et a toujours vécu en province.
Elle a toujours beaucoup lu : des romans d'écrivains étrangers, des autobiographies, des romans policiers... Divorcée, elle a deux filles qui vivent à Paris depuis dix ans.
Politiquement à gauche, elle ne milite plus dans aucun parti depuis plusieurs années. Elle préfère être active au quotidien et maintient des relations avec des organisations pacifistes, antiracistes et humanitaires. Femme active, elle est très attachée à ses « jardins secrets ». Elle est accueillante et sociable.

Jean-Paul a fait ses études à Bordeaux avant de s'installer dans une ville du Sud-Ouest. Il est cadre dans une mutuelle d'assurances. Fils de petit artisan (son père était horloger), il a gardé le goût du bricolage. Il est grand amateur de bandes dessinées. Il suit très régulièrement l'actualité sociale et politique. Il lit plusieurs quotidiens régionaux et nationaux ainsi que des magazines d'opinion.
On peut dire de lui qu'il est humaniste sans idéalisme et curieux sans indiscrétion.

Les réponses des deux personnages ont comme fonction de stimuler la production de ces portraits plutôt que d'en orienter nettement les contenus. Les étudiants affineront leurs productions du point de vue culturel, aidés en cela par l'enseignant qui s'inspirera des portraits ci-dessus.

Le temps du « chacun pour soi »   page 22

Ce texte présente un type de discours particulier : le discours sociologique généralisant et vulgarisateur d'un magazine d'opinion. Les étudiants essaieront d'en repérer les conventions.

▶ 1 - Que révèlent les mots ?

a. - *terrasser, pavillonnaire, baladeur, s'isoler, se couper des autres, bannir, mépriser,*
 - *(toits) privés, être différent, décalage, individualiste.*

b. Égocentrisme, individualisme et volonté d'être différent des autres.
L'individu se replie sur lui-même et croit à ses propres valeurs. Il se méfie des autres. Vive la différence !

Ce premier relevé permet de formuler l'idée directrice du texte qui fut également le credo avancé comme bilan des années 80 par bon nombre de chroniqueurs.

▶ 2 - Quelle est la nature de l'appréciation ?

a. Le pays, les gens. *On* (nous donna), désigne les gens qui nous dirigent. Ce sont eux qui créent les modes, les courants. Ils ont le pouvoir de transformer nos habitudes.
 Ont été fascinées... fut discrédité... furent élevés... furent réhabilités... furent bannis... fut vite mis au point...
L'accent est mis sur l'objet.

b. La coupure avec les années 80.
Pour le chroniqueur, les années 90 seront différentes.
On formulera quelques hypothèses concernant l'habitat, l'école et la télé pour tous, le décalage...

Vive le frisson -
La culture du muscle   page 23

 3 - Les temps du passé.

a. *terrassa, resta :* terrasser, rester
permit, mit, prit : permettre, mettre, prendre
devint : devenir
fut, furent : être

b. *1er texte :* le moment où l'auteur écrit.
2e texte : un moment des années 80.
3e texte : d'abord le moment où l'auteur écrit, puis un moment du passé.

c. Les passés simples rejettent l'action dans le passé : c'est une simple constatation de ce qui s'est passé (c'est le temps de l'histoire).
Les imparfaits montrent l'action passée en train de se réaliser (c'est « le présent du passé »). Ils agissent comme un flashback dans un film.

d. Le premier verbe au passé composé est à assimiler aux passés simples. Mais on pourrait dire que le passé composé est utilisé parce que le « Paris-Dakar » existe toujours au moment où l'auteur écrit. Ce passé composé forme un pont entre un événement passé et le présent.

2

▶ **4 et 5 - Exercices libres.**

Exit le « Paramount Bastille » pages 24 - 25

Avec la construction de l'Opéra Bastille, inauguré le 14 juillet 1989, c'est le visage d'un quartier qui se modifie : entre le boulevard Richard Lenoir et la rue de la Roquette, fleurissent les boutiques, les cafés à la mode et les restaurants cosmopolites. Les immeubles insalubres sont rasés et on construit du neuf.
L'Opéra attire un public amateur de musique classique et de danse.

▶ **1 - Mettez en place.**

a. Le matin.
b. Sur la place de la Bastille. Il prend des photos.
c. À la destruction d'un cinéma.
d. Trouver un emplacement pour construire un nouvel opéra.

▶ **2 - Que révèlent les mots ?**

a. Machines : *monstres, mouvements lents, précis, mâchoires impitoyables, sûres de leurs coups, pelle crantée, lourde, bras coudé.*
   Hommes : *pratiquait en spécialiste, tueur sans haine ni émotion, marchant au contrat, des professionnels.*
   Le photographe, la foule ahurie, incrédule.

b. Mots autour de destruction : *s'écroula, s'effondraient, tombaient, faucha, brisée net, chute, métal tordu, écrasées, ruines.*

▶ **3 - De quoi s'agit-il ?**

a. Les hommes sont décrits comme des tueurs incapables d'émotion, ils s'apparentent aux machines monstrueuses dénuées de tout sentiment.

b. De la colère (exprimée : *les salauds !*), de la tristesse, de l'étonnement, de l'impuissance, de la haine.

c. Au passé simple. Passé révolu, complètement coupé du présent. Indique le caractère définitif, irrévocable de la destruction.

28

d. À l'imparfait.
- *était, ressemblait, s'effondraient, tombaient, restaient, était* (aux commandes), *était* (là), *se formait, se mêlaient, donnait*.
- *allait, pratiquait, connaissaient, ce n'était* (plus), *c'était* (cela).

e. Il n'y a ni verbe ni sujet. Il n'y a plus d'action, rien que des observations de la part de l'auteur.

▶ **4 - La prise de la Bastille !**
a. La fin de la royauté en France, la fin de l'Ancien Régime.
b. C'est la fin d'un monde, d'une époque.
Ces deux monuments étaient le symbole d'un monde qui s'est écroulé.

▶ **5 et 6 - Exercices libres.**

ESPACE LANGUE

Production de textes

La situation de communication page 26

Les exercices sont faits individuellement, en dehors de la classe au besoin, mais il faudra ensuite discuter collectivement des réponses apportées aux questions, comparer les décisions prises et les justifier. La mise en place de la situation d'écriture est capitale car elle commande toutes les opérations ultérieures du cycle de l'écriture. C'est ce que doit comprendre l'étudiant en répondant aux questions de l'exercice 1.
On ne pourra évaluer l'efficacité d'un texte qu'en se référant à chacune des variables (consulter les pages « Production de textes » des dossiers 10, 11 et 12).

Grammaire

Situer dans le temps page 28

■ **1 - Quel est le moment de référence ?**

1. Un moment du passé - **2.** Un moment du passé - **3.** Le moment où on s'exprime - **4.** Un moment du passé - **5.** Le moment où on s'exprime.

■ **2 - Établissez la chronologie des événements.**

1. Le 13 février 1985. **2.** Le 82e anniversaire de Simenon - Des adverbes de temps. **3.** Nous suivons les étapes d'une démolition : le récit-description est séquentiel, avec des actions à l'imparfait qui se reproduisent.

C'est notre « connaissance du monde » qui nous permet de suivre sans effort. « Fini pour toujours » ne marque pas la fin de la démolition mais la fin du symbole que représentait le bâtiment.

■ 3 - Simultanéité ou continuité ?

1. Après, avant - **2.** En même temps - **3.** Avant, après - **4.** Après, avant - **5.** Avant, après - **6.** En même temps.

■ 4 - Classez les conjonctions.

a. Suivies de l'indicatif : *chaque fois que - dès que - quand - une fois que - pendant.* **b.** Suivies du subjonctif : *avant que.*

■ 5 - Complétez les phrases suivantes.

1. ... *l'auras* - **2.** ... *puissiez/sachiez* - **3.** ... *serez là* - **4.** ... *apparaît* - **5.** ... *fut démoli.*

■ 6 - Exercice libre.

■ 7 - Remplissez le tableau suivant.

	Passé simple	Imparfait
État (de choses ou d'esprit)		*On était le ...* *ressemblaient* *restaient suspendus* *qui était aux commandes* *était là* *connaissaient leur affaire* *se mêlaient* *était encore en place* *ce n'était plus le cinéma* *c'était cela qui donnait*
Événement unique	*se mirent* *ce fut* *s'écroula* *tomba* *la faucha* *je baissai* *se remit*	*se formait (être en train de)*
Événement répété		*s'effondraient* *tombaient* *(tout) allait vite* *pratiquait en spécialiste*

ESPACE SOCIÉTÉ

Avec ce dossier, nous entrons de manière plus perceptible dans la complexité de la société française contemporaine. Les activités vont donc avoir pour objectif de mettre en place des fonctions discursives plus fines : décrire et définir, mais aussi caractériser, distinguer, spécifier et mettre en relation.

La photo de la page d'introduction montre l'avenue des Champs-Élysées recouverte de champs de blé et occupée par des agriculteurs lors de leur manifestation parisienne en juin 1990. Elle offre un contraste saisissant entre deux France.
Mots suggérés : *manifestation inhabituelle, coup d'éclat, protester...*
Interprétations : les groupes sociaux ne se développent pas tous au même rythme et certaines inégalités sont aisément repérables dans la société française.
À rapprocher des illustrations des pages 34 et 35 : trois manières d'habiter des zones rurales (un village, un lotissement, un bourg).

Radiographie de la société française
page 32

Ce texte, nécessairement caricatural, offre une catégorisation utile pour des classements ultérieurs et des comparaisons. Il permet également de mettre en œuvre des formules de définition.

 1 - Qui sont-ils ?

a. Les bosseurs - **b.** Les gagneurs - **c.** Les angoissés - **d.** Les frustrés - **e.** Les exclus - **f.** Les râleurs.

Les activités 2 à 6 pourront se faire individuellement ou par groupes de deux étudiants. La correction se fera par tours de table. Les définitions de l'activité 5 pourront être données à l'écrit.

▶ **2 - Il y a une relation !**

1. Plus..., plus... - **2.** Plus..., moins... - **3.** Plus..., moins... - **4.** Plus..., plus... - **5.** Moins..., plus...

▶ 3 - Caractérisez-les.

3

	Niveau économique	Problèmes	Espoirs
Exclus	• très bas	• chômage • pas de sécurité d'emploi • pas de limitation du temps de travail	• presque aucun
Râleurs	• médiocre	• salaires bas • mal aimés	• qu'on les respecte
Frustrés	• assez bon	• ont perdu le pouvoir	
Bosseurs	• très bon	• travaillent beaucoup • pas de temps de loisirs	
Angoissés	• bon	• baisse du niveau de vie • peur de devenir salarié	
Gagneurs	• excellents	• aucun	

On demandera aux étudiants d'exprimer quels pourraient être les espoirs non formulés par les exclus, les bosseurs, les angoissés et les gagneurs...

▶ 4 - Définissez ces catégories de Français.

1. Les râleurs sont ceux qu'on ne considère pas, qu'on ne remercie pas et pour qui la routine est devenue insupportable.
2. Les frustrés sont ceux qui ont perdu le pouvoir et (qui) ne s'en consolent pas.
3. Les bosseurs sont ceux pour qui le nombre d'heures de travail ne compte pas et qui gagnent de l'argent.
4. Les angoissés sont ceux qui ont perdu une grande partie de leur prospérité et qui ont peur de l'avenir.
5. Les gagneurs sont ceux que la routine, la retraite et la sécurité de l'emploi n'angoissent pas.

▶ **5 - C'est leur état !**

On pourra donner à chaque mot deux définitions :
a. Une définition « libre », ancrée dans l'expérience de l'élève.
Par exemple : *La frustration, c'est ce qu'on éprouve quand on n'obtient pas ce qu'on désire.*
b. Une définition « contextualisée » dans la société et la culture de l'élève ou dans la société et la culture françaises.
 Par exemple : *Si quelqu'un est resté longtemps au chômage et qu'une entreprise lui refuse un poste pour lequel il a postulé, alors cette personne sera très frustrée.*

Nostalgie : a. La nostalgie de l'enfance.
 b. Rêver d'une époque où la réussite sociale était, semble-t-il, plus facile.
 Par exemple : *C'est le sentiment qu'éprouvent ceux qui n'ont pas pu réaliser leurs rêves ou leurs projets.*
Angoisse : a. Existentielle (d'où je viens, où je vais et pourquoi ?).
 b. De l'avenir lorsqu'on n'a pas de travail fixe.
 Par exemple : *C'est ce qu'éprouvent ceux qui ont peur de ce qui va arriver.*
Révolte : a. Colère (contre ses parents, sa famille), indignation (contre la faim dans le monde, la guerre).
 b. Grève, revendication, conflit.
 Par exemple : *C'est ce que ressentent ceux qui ne se résignent pas à leur sort.*

Les étudiants travaillent d'abord seuls, puis en groupes.
On compare les définitions et on essaie d'aboutir dans chaque groupe à une définition commune.

▶ **6 - Où en êtes-vous ?**

Si on veut donner à ce jeu de rôle le tour d'une simulation, on pourra proposer aux étudiants une série de photos de personnages tirées de magazines. Ils en épingleront une à leur vêtement et s'identifieront au personnage choisi. Ils joueront la scène de la rencontre après s'être mis d'accord sur les circonstances de celle-ci.

Exemples de contextes « porteurs » :
a. *Prosaïques :* dans un lavomatic, au supermarché, dans une crèche, dans la rue en voiture lors d'un petit accrochage, dans un commissariat de police, dans les tribunes d'un match de foot...
b. *Plus romanesques :* à un vernissage, à la première d'une pièce de théâtre, chez le coiffeur, à l'aéroport...

Remarques sur le choix des photos :
Attention au style « starlette » qui bloque la créativité dans des stéréotypes vite épuisés, à la femme au look de mannequin et à l'homme au look de grand reporter. Ces stéréotypes se suffisent à eux-mêmes...

3

Il est bon qu'un contexte soit porteur d'une rupture par rapport au déroulement « normal » des choses.
- **Au lavomatic.** *Absorbé par vos pensées, vous ouvrez la machine qui se trouve à côté de la vôtre. Vous commencez à en retirer le linge quand son propriétaire entre dans le lavomatic...*
- **À l'aéroport.** *Dans la file d'attente, quelqu'un vous demande de garder ses bagages « juste le temps d'aller acheter un journal ». En regardant les étiquettes des bagages, vous vous apercevez que vous connaissez cette personne. Mais impossible de la reconnaître physiquement ! Une véritable métamorphose ! Vous supposez que quelque chose de grave lui est arrivé et vous voulez en savoir plus... Cette personne ne vous ayant pas reconnu(e) non plus, à vous de décider à quel moment vous allez lui révéler votre propre identité...*
- **À un vernissage.** *Vous renversez votre verre sur la veste d'un invité...*
- **Ou bien...** *Vous êtes critique, il est artiste. Vous n'aimez pas ce qu'il fait. Il ne supporte pas ce que vous avez écrit sur lui sans le connaître. Car vous ne vous étiez jamais rencontrés auparavant...*

Ne pas oublier que la consigne de ce jeu de rôle est : confrontation des trajectoires respectives des deux interlocuteurs. Il y a donc à la fois :
- du récit (passé composé/présent),
- de la confrontation d'idées : *Moi, j'ai fait ceci / Moi j'ai choisi cette voie-là,*
- de l'échange d'informations : sur des amis communs, sur la situation familiale de chacun des partenaires de l'échange,
- de bonnes résolutions : le fameux « On va se revoir bientôt » qui, selon la façon dont il est dit, peut signifier plusieurs choses : on note les adresses respectives ; on reste dans le flou ; on prend un rendez-vous ferme ; on dit qu'on s'appelle...

▶ **7 - Ils témoignent.**

Catégorie	Profession	Problèmes	Comment réagissent-ils ?
Bosseur	• agriculteur	• horaires, jamais de vacances, gagner juste pour vivre	• sentiment d'être oublié et inutile
Bosseur	• grossiste en fruits et légumes	• les cours changent très vite, perte d'argent	• satisfait de son niveau de vie
Angoissé	• médecin	• baisse considérable du pouvoir d'achat	• réaliste, amer et déçu
Gagneur	• agent de change	• les risques de la Bourse	• enthousiaste, esprit d'aventure
Frustré	• professeur	• conscience de l'inégalité des salaires	• conscience de sa chance par rapport aux défavorisés, mais révoltés par les injustices

Des gens et des régions qui bougent

pages 34 - 35

3

On croit toujours que les mouvements de population se font dans le sens campagnes-villes. Or, on assiste depuis une vingtaine d'années à un nouveau phénomène : les gens des villes, découragés par la pollution et les prix élevés, attirés par la possibilité de posséder leur propre maison, émigrent vers les campagnes proches des villes et créent une culture intermédiaire. Ces mouvements de population s'accompagnent d'un effort de décentralisation administrative destiné à donner plus de responsabilités aux organismes locaux.

Les activités 1 à 4 vont du niveau le plus général (politique, idéologique, culturel) au niveau le plus individuel (points de vie subjectifs, opinions).

 1 - Exercice libre.

 **2 - Que représente ce dessin ?**

1. Le personnage central est une Marianne caricaturée. Elle symbolise la République française « une et indivisible » et, dans ce cas, le pouvoir central.
2. Les petites Marianne, les différentes régions, se sont libérées de la tutelle de l'administration parisienne et s'orientent chacune dans une direction différente.
3. Elles avaient des chaînes parce que toutes les décisions étaient prises par le gouvernement et les autorités centrales, y compris celles concernant les budgets destinés à mettre en œuvre les décisions.
4. Ce dessin évoque la décision d'avril 1982 qui a créé les conseils régionaux et donné le coup d'envoi de la décentralisation.

On amènera les étudiants à rechercher de l'information complémentaire dans l'index en fin de manuel (*Marianne*), dans un dictionnaire monolingue (*Centralisation, briser ses chaînes*), dans un livre d'histoire (*Révolution française, jacobinisme*) et à examiner la carte des régions.

 3 - Que se passe-t-il ?

Dans un premier temps, on pourra avoir une séance d'expression orale collective afin de faire la liste des points communs et des différences entre les trois photographies (habitat groupé dans un village « mort », maisons individuelles d'un lotissement et activité commerçante sur la place d'un bourg).
Puis, par groupes, on cherchera les raisons de l'exode que l'on classera selon divers critères :
- économiques : difficulté de rentabiliser une exploitation agricole,
- politiques : concurrence internationale,
- sociaux : attrait d'un mode de vie plus sûr, être salarié,
- culturels : valeurs attachés au mode de vie urbain.

3

D'où la recherche :
- d'un mode de vie moins déterminé par des contraintes extérieures (le marché, les saisons, le bétail),
- de l'anonymat (grande ville ≠ petit village),
- de l'ouverture vers d'autres milieux.

La décentralisation permet aux jeunes de ne pas partir aussi loin qu'autrefois (on « montait » à Paris parce que les métropoles régionales n'offraient pas de débouchés intéressants). Aujourd'hui, on peut quitter la ferme familiale tout en restant proche géographiquement. Ce n'est plus le même exode, l'abandon définitif du milieu d'origine (cf. photo du village dans les gorges du Tarn).

 4 - Quelle est leur motivation ?

Témoignage 1 :
a. Un petit commerçant à la retraite - b. La désertification du village - c. Rester - d. La nostalgie du bon vieux temps.

Témoignages 2 et 4 :
a. Deux agriculteurs.
b. L'un a vu ses enfants quitter la ferme. L'autre a choisi de rester dans l'exploitation agricole mais en modernisant son installation et en réorientant ses activités.
c. Rester ou quitter la propriété familiale.
d. La résignation et la satisfaction de savoir ses enfants heureux pour l'un, la satisfaction de réussir sa vie dans l'agriculture pour l'autre.

Témoignage 3 :
a. Un étudiant toulousain - b. Il a quitté la campagne pour faire ses études en ville - c. Il a décidé d'adopter le mode de vie urbain - d. Il a pris sa décision et il en est satisfait.

Qui parle	De qui/de quoi	Attitudes exprimées	Raisons
1. La femme âgée	• de son village	• regrets	• le village meurt
2. Le fermier	• de ses 2 fils	• inquiétude	• il se fait vieux, ses enfants sont partis et il ne sait pas qui s'occupera de sa ferme
3. Le fils	• de la campagne	• ne veut plus vivre à la campagne	• c'est trop difficile après avoir connu le ville
4. Le jeune agriculteur	• de son exploitation agricole	• volonté	• il a repris la ferme de ses parents et il a trouvé un un nouveau créneau

▶ **5 - Ils témoignent !**

Qui parle ?	De qui/de quoi ?	Raisons	Problèmes
1. Ancien villageois	• des nouveaux villageois		• les nouveaux ne participent pas à la vie du village
2. Ancien villageois	• du village tel qu'il est devenu		• hausse des prix • voitures dans le village
3. Ancien villageois	• de l'évolution du village		• nécessité de gagner assez d'argent
4. Nouveau villageois	• de son nouveau mode de vie	• habitat en ville	• protéger les enfants contre les tentations de la vie en ville
5. Nouveau villageois	• de son nouveau mode de vie	• l'environnement	• longs trajets pour aller travailler
6. Nouveau villageois	• de son nouveau mode de vie	• une meilleure hygiène de vie	• l'achat de la maison

Le sous-sol

page 36

Que ce soit dans la littérature, au cinéma ou sur le plan musical, on découvre à partir des années 80 le phénomène des banlieues comme lieux de vie et de culture (les théâtres prennent un essor considérable), mais aussi comme lieux où les inégalités sont les plus criantes.

Cinéma : *Le petit criminel* de Jacques Doillon : un jeune délinquant, sa sœur et un flic dans une banlieue de Sète.
De bruit et de fureur de Jean-Claude Brisseau : portrait de Bruno, jeune délinquant dans la banlieue nord de Paris.

Musique : Éclosion de groupes de rap et de rock.

Littérature : *Pluie d'été* de Marguerite Duras, 1990 ; se passe à Vitry, en banlieue parisienne.
Les yeux baissés de Tahar Ben Jelloun, 1991 : se passe en partie dans la banlieue parisienne.

Festivals : Certains sont organisés chaque année, par exemple « Banlieue bleues », festival de jazz qui a lieu dans la banlieue nord de Paris et attire un large public.

▶ 1 - Observons !

1. Dans un café -.
2. Neuf -.
3. *Ils - deux d'entre eux - à l'un ou à l'autre - plusieurs - les - l'un d'eux - le sous-sol.*
On pourra faire réécrire le texte de Leslie Kaplan en remplaçant « un groupe de cinq magasiniers » par « un groupe de cinq magasinières » afin de faire identifier les anaphores dans le texte et de noter les changements du masculin au féminin.

4. Il prend son café seul. On l'appelle « Monsieur ». Il est sous-chef de bureau. Il traîne le soir.

On pourra se demander pourquoi M. André traîne le soir et regrette sa vie de célibataire.

▶ 2 - Que font-ils ?

1. Les magasiniers mangent en se racontant des anecdotes.
2. ... sans se plaindre.
3. ... en les regardant.
4. ... sans les mépriser / sans mépris.
5. ... en lisant les journaux.
6. ... sans plaisanter.

▶ 3 - Qu'est-ce qui les caractérise ?

Physionomie : *allure semblable, petits, gros, épais, l'air endormi, corps de bébé, avec des plis, des bouts qui pendent, qui traînent ;*
Habillement : *blouse trois-quart, marron ;*
Attitudes corporelles : *ils se déplacent, lourds et sereins ;*
Modes de vie : *ils habitent tous très loin, trajets invraisemblables, métro, autobus, plusieurs habitent avec une mère, une parente âgée, l'un d'eux à un chien ;*
Thèmes de discussion : *discussion assez pauvre, toujours une anecdote, une chose arrivée à l'un ou à l'autre, reprise et commentée.*

On pourra opérer une distinction entre :
- ce qui relève de l'habitude,
- ce qui introduit un renouvellement (anecdote, film).
On fera imaginer une de ces anecdotes « qui justifient la couleur différente des jours ».

▶ 4 - Dans quelle société vivons-nous ?

On posera la question : « Comment se constitue un groupe social ? ». Quels sont ses signes de reconnaissance, ses codes, ses rituels ? Qu'est-ce qui distingue Serge, Sébastien et M. André ?
- leur fonction (niveau professionnel),

- leur groupe d'appartenance (origines sociales),
- leur groupe de référence (ce à quoi ils voudraient ressembler),
- leur rôle dans leurs relations avec les autres.

Réponses possibles :

1. Un groupe social a tendance à vivre fermé sur lui-même et les inégalités à l'échelle de la société ont tendance à se reproduire.
2. Les conditions de vie (travail, trajets...) qui laissent peu de place aux loisirs et à la culture renforcent les inégalités.
3. Seule l'identification très forte (de Serge) à un autre groupe de référence (représenté par Jean et l'Atelier) peut amener quelqu'un à se dégager de ce déterminisme social.

 5 - Il tient un journal.

On pourra choisir de raconter chronologiquement les événements de la journée, de se limiter à un événement particulièrement marquant, de mixer les deux approches.

On utilisera :
- des articulateurs temporels : *Ce matin, aujourd'hui, hier...* dans la première phase ; - *Pendant toute la journée, vers 14 heures, un peu plus tard, pendant ce temps-là, c'est alors que...* pour organiser l'ordre relatif des événements.
- des articulateurs logiques : *C'est pourquoi, en effet, par conséquent...* pour mettre un raisonnement en évidence, le cas échéant.

On sera attentif :
- au réseau de références internes (« anaphores » qui font référence à ce qui a été écrit avant) ;
- à l'utilisation des temps.

Remarque : Dans une narration à la première personne relatant des événements du passé proche, il est rare d'obtenir une combinatoire « simple » ne faisant intervenir que deux temps.

Exemple :
Ce matin, une vilaine pluie tombait sur Sartrouville. J'ai eu plus de mal que d'habitude à me lever. Vivement les vacances ! Ça commence à être dur ! J'ai retrouvé José dans le train de 7 heures 48. Quand il a vu ma tête, il m'a raconté ses dernières vacances en Espagne. Il y est allé deux fois l'année dernière. Je me demande comment il fait pour partir aussi souvent. C'est vrai qu'il est célibataire et qu'il a de la famille là-bas.

Après la pause de midi, Lointier s'est encore fait remarquer. Il faut toujours qu'il parle plus que les autres, celui-là. Cette fois, il disait qu'on devait revendiquer la semaine de 35 heures. Il dit qu'à Nogent, dans l'entreprise où bosse son oncle, ils ont obtenu ça depuis trois mois.

Ce soir, au bistrot, Sébastien a collé une affiche pour un week-end au Mont-Saint-Michel le mois prochain. Les enfants n'y sont jamais allés. Je leur annoncerai ça en rentrant. On ira s'ils ont de bonnes notes en classe !

À partir de ce texte ou, mieux, d'un texte d'étudiant (corrigé, réécrit et distribué à l'ensemble du groupe), on pourra :
- identifier les niveaux de temporalité (4 temps utilisés) :
- présent : *Ça commence, il dit...* généralité.
- passé composé : événements présentés dans leur séquence.
- imparfait : *tombait.* Événement passé présenté dans son déroulement : valeur descriptive, état.
- futur : *annoncerai, ira.*
- reconstituer les chaînes anaphoriques (pronoms personnels, déictiques) : *José - il - il - ses - il - il*
Chaque étudiant effectuera ce travail sur son propre texte.

ESPACE LANGUE

Production de textes

Comment trouver et organiser des idées (1)
page 38

On n'écrit pas toujours à propos de ce qu'on connaît le mieux.
Défendre une idée exige souvent qu'on la justifie par des connaissances mieux affirmées que celles qu'on possède ou grâce à l'expérience ou à l'autorité d'autres personnes...
Cette page est destinée à illustrer quelques-unes des techniques qui permettent de trouver des idées sur un sujet donné.
Le pire obstacle, quand on veut écrire, est de croire qu'on n'a rien à dire. Le problème consiste à activer et mobiliser les savoirs que nous possédons. On pourra ainsi partir de ce qu'on connaît et délimiter ses manques avant de se documenter par d'autres voies : documentation livresque, interview...

■ 1 - Définissez la situation de communication.

Cet exercice rappelle qu'on ne doit chercher ses idées que lorsqu'on a défini à qui ou pour qui on écrit, sur quel sujet, dans quelle intention et quel genre de texte convient le mieux au message à transmettre.

1 et 2. La liste, le réseau et le remue-méninges ont été abondamment utilisés aux deux premiers niveaux. Ce sont des techniques, employées collectivement, qui donnent lieu à des classes animées. Elles peuvent être également utilisées individuellement.

3. *Organisez un débat.*
Quand on organise un débat, il est utile :
- de lancer le débat en précisant les problèmes en jeu afin de stimuler la réflexion des participants. Le débat pourra tourner autour de deux ou trois grandes idées qui ne seront pas forcément abordées toutes en même temps !
- de désigner un ou deux animateurs qui auront pour fonction :
• d'assurer les tours de parole,
• de relancer la discussion en faisant ponctuellement des synthèses,
• de préparer des questions de relance,
• de solliciter des interventions.
- de désigner un secrétaire de séance qui prendra des notes et, le cas échéant, préparera un bref compte rendu.

4. *Interviewez des personnes.* Libre.

5. *Documentez-vous.*

On recherchera les items pouvant servir d'entrées pour la documentation : groupe, classe, jeune, marginal, population active/inactive, vieux (3e âge)...
La recherche d'items conduit à réfléchir sur la comparaison entre culture cible et culture de l'étudiant : les items proposés sont-ils pertinents dans la culture de l'étudiant, transférables, traduisibles ?

6. *Organisez un « remue-méninges ».*
Pensez aux modalités d'animation :
- mots « relance » sur des petits morceaux de papier que l'on tire,
- associations d'idées.
Donnez une consigne stricte : écrire tout ce qui passe par l'esprit en 30 secondes à partir de mots comme *justice, liberté, égalité des chances, solidarité, privilège, éducation, études...*

7. *Écrivez tout ce qui vous vient à l'esprit...*
Cette technique peut être utilisée pour encourager les étudiants à écrire aussi bien que pour trouver des idées. Il s'agit d'« écriture libre », à mettre en parallèle avec des techniques de « déblocage » oral. Au cours de ces phases on privilégie la fluidité et l'aisance plus que la stricte correction lexicale et grammaticale.

Grammaire

Mettre en valeur un élément de l'énoncé

page 40

■ 1 - Comparez ces énoncés.

1. L'élément qui passe en tête de la phrase, avec ou sans l'introducteur « c'est... ».
2. Voir la question 3.
3. a. phrases 1, 2, 3, 6. - **b.** 8 - **c.** 3. - **d.** 2, 6 - **e.** 5, 7.

41

■ 2 - Mettez les énoncés soulignés en valeur.

1. Ce sont des augmentations de salaire qu'ils demandent.
   Des augmentations de salaire, ils en demandent.
2. C'est à cinq heures du matin qu'il se lève.
3. Ce sont les anecdotes qui...
4. Les plus touchants, ce sont les magasiniers.
5. La plus grande collectivité locale, c'est la région.
6. C'est à vous que les gens parlent.
7. Les habitués, Sébastien les voit.
8. De la chance, ils en ont.
9. Le village, on ne le reconnaît pas.

■ 3 - Mettez des idées en valeur.

Réponses possibles :

Ce dont les râleurs ne veulent plus, c'est de l'argent.
Ce qui angoisse les exclus, c'est l'avenir.
Ce pour quoi les exclus luttent, c'est pour la survie.
Ce qui stimule les bosseurs, c'est de travailler pour eux-mêmes.
Ce à quoi rêvent les râleurs, c'est d'être respectés.
Ce à quoi les bosseurs ne pensent pas, c'est à la retraite.
Ce que les frustrés regrettent, c'est d'avoir perdu le pouvoir.

■ 4 - Créez des titres.

1. Réduction des dépenses militaires.
2. Protection des travailleurs.
3. Reconnaissance des droits de la femme.
4. Consultation des électeurs.
5. Inégalités sociales à l'étude.
6. Inquiétude des cultivateurs.
7. Augmentation du prix de l'essence.
8. Intégration des immigrés.

■ 5 - Passez du langage parlé à des formes écrites de style plus soutenu.

1. L'espérance de jours meilleurs les fait vivre.
2. La détérioration de leur salaire les angoisse.
3. L'élevage de moutons est un travail rémunérateur.
4. La direction d'une usine impose de grandes responsabilités.
5. La réussite de nombreux patrons d'entreprise leur donne un nouveau pouvoir.
6. L'arrivée de grosses sociétés sur le marché fera d'eux de simples employés.

■ **6 - Mettez l'accent sur l'objet de l'action.**

1. Les mesures nécessaires ont été prises.
2. Des villes nouvelles doivent être créées.
3. Le nombre de permis de conduire sera limité.
4. Ce monument sera ouvert au public.
5. Un nouvel ensemble de mesures est attendu.

■ **7 - Exercice libre.**

Stratégies de conversation

Coopérer, ou non, avec son interlocuteur

page 42

■ **1 et 2 - Écoutez... et relevez les formules.**

On fera très attention aux intonations de ces formules qu'on essaiera d'analyser (hauteur d'attaque et montée ou descente intonative plus ou moins prononcée) et de reproduire.

On pourra également insister sur les phénomènes de syllabation (majorité de syllabes ouvertes, c'est-à-dire terminées par un son de voyelle), de liaison, d'enchaînement et d'accentuation. Les aspects de la « chaîne parlée » ont été vus bien avant ce stade, mais il peut être utile d'y revenir et de systématiser les connaissances.

a. *Liaison*
   Elle se produit entre une consonne finale, non prononcée lorsque le mot est isolé, et la voyelle initiale du mot suivant. La liaison n'est possible qu'à l'intérieur d'un groupe rythmique. On ne fait pas la liaison entre un groupe sujet et un groupe verbe.
   On est trois sur le poste.
   C'est important.
mais pas de liaison dans :
   Les femmes arrivent.

b. *Enchaînement consonantique* (L)
   Il se produit entre une consonne finale et la voyelle centrale du mot suivant..
   Une chance à saisir.

c. *Enchaînement vocalique* (⌒)
   Il se produit entre une voyelle finale de mot et la voyelle initiale du mot suivant.
   Et alors ?
   Ça fait long à attendre.

43

Les enchaînements sont obligatoires même entre les groupes.
  Il y a des fois où je me dis que...

d. *Accentuation*
On fera repérer :
- les accents de groupes ou accents rythmiques.

  Tiens, / vous êtes revenus !
  Je suis invité / chez des amis / ce soir.
- les accents d'insistance.
- insistance intellectuelle : sur la première syllabe du mot.
- insistance affective : sur la première syllabe du mot commençant par une consonne.

■ 3 et 4 - Jeux de rôle.

Ces exercices seront préparés en groupes, puis joués. Les étudiants spectateurs pourront relancer les conversations qui faibliraient...

ESPACE SOCIÉTÉ

« LA VIE MODE D'EMPLOI » 4

Tout en décrivant certains modes de vie, ce dossier veut surtout refléter les tendances qu'on peut déceler dans la vie française actuelle : un certain repliement sur soi qui se manifeste dans le confort croissant des maisons et des appartements, les changements dans le rythme de vie, la répartition des tâches entre hommes et femmes, le retour des goûts et des habitudes du mode de vie bourgeois, ainsi que le goût des vacances et des voyages que permettent les cinq semaines de congé annuel accordées à tous les travailleurs.

On constate que, dans la France de 1989, on s'invite plus à la maison dans toutes les catégories sociales que dans la France de 1973. Il semble bien qu'il y ait une « privatisation » de la vie quotidienne et un repli sur le « chez-soi ». Cette tendance se vérifie particulièrement auprès des plus défavorisés : plus un individu est cultivé (et diplômé), plus il s'informe sur l'actualité culturelle, plus son train de vie est riche en contacts sociaux et en sorties sociales ou culturelles.

On comprend donc que tous les Français ne peuvent pas encore jouir de tous les avantages décrits dans ce chapitre et, parmi eux, ceux, très nombreux, qui ne gagnent que le SMIC, les 9 % de chômeurs et les personnes âgées sans ressources ! (cf. dossier 3).

Photo de la page d'introduction du dossier : exemple de style des années 80. À rapprocher des illustrations du dossier 2. Le café Costes se trouve près du Forum des Halles.
Mots : *fauteuil droit, lignes simples, sobriété, élégance, couleurs unies, bois et métal...*

Les Français rentrent dans leur coquille   page 44

On comprendra que peu de foyers français jouissent du confort décrit dans cette page. Il s'agit bien d'un rêve pour la grande majorité d'entre eux, mais on constate par ailleurs que l'équipement des logements s'améliore très vite avec l'élévation régulière du niveau de vie.
Les Français dépensent moins qu'avant pour leur nourriture et leur voiture, davantage pour leur logement.

 1 - Regroupez des mots (noms, adjectifs, verbes, adverbes) du texte autour de l'idée de « cocon ».

la maison - recevoir - chez soi - douillet - recentre - s'intimise - le foyer - le confort - la sécurité.

Ces associations peuvent s'organiser dans deux directions :
- description : le choix du confort et du repli sur soi,
- causes : le retour à des valeurs familiales / peur suscitée par l'extérieur...
Ces deux directions sont explorées dans les activités 3 et 5.

▶ 2 - « On s'éclatait. On se recentre.» (voir la grammaire, pages 52 et 53).

1. On n'invite plus. - **2.** Les gens restent chez eux. - **3.** On refuse les invitations. - **4.** Elles préfèrent le cocon familial. - **5.** On se distrait chez soi.

▶ 3 - Qu'est-ce que le confort ?

1. *Téléphone :* environ 25%. - *Chauffage central :* environ 33%. - *Baignoire :* environ 15%. - *WC :* environ 15%. - *Eau courante :* moins de 1%.

2. Chaque groupe de deux étudiants proposera 2 définitions du « confort minimal » dans son pays et en France en précisant :
a. *Pour qui :* une étudiante de 20 ans, un jeune couple qui démarre dans la vie, une personne âgée, un(e) célibataire de 30 ans...
b. *Dans quel milieu :* ville, milieu rural, village, classes populaires, moyenne, aisée, milieu ouvrier, artiste...

▶ 4 - Exercice libre.

▶ 5 - Comment expliquer le recentrage ?

a. On réfléchira aux implications de se « recentrer ».
Pourquoi utiliser la métaphore du « centre » pour désigner l'espace privé ?
S'il y a recentrage, c'est qu'il y a eu, avant, un mouvement opposé. La décennie 70-80 était-elle plus propice à une vie à l'extérieur ? (travail des femmes, activités politiques et syndicales, manifestations, sorties des jeunes).

b. Recherche des causes du recentrage dans trois directions :
- *causes économiques :* le budget des ménages suffit-il à assurer un train de vie tourné vers l'extérieur ?
- *causes sociales :* les jeunes habitent plus longtemps chez leurs parents (cf. dossier 9), ce qui renforce la cellule familiale,
- *causes culturelles :* consommation accrue de biens culturels (magnétoscopes, chaînes hi-fi, télévisions...).

Réponses possibles :

On peut distinguer quatre types de rapports de l'individu avec l'extérieur :
- l'individu cultivé et aisé cumule les sorties ;
- l'adolescent qui fréquente les cinémas, les concerts, les spectacles sportifs, les boîtes de nuit ;

- l'individu n'ayant pas fait d'études longues et dont le niveau de vie n'est pas très élevé sort peu de chez lui ;
- les femmes qui consacrent leur temps de loisir au repos, à des tâches domestiques ou à des achats de vêtements.

Ralentissement de la croissance et de la hausse des revenus, intérêt pour la famille, goût du confort, réaction contre l'éclatement des décennies précédentes, progrès de la technologie et multiplication des gadgets électroniques, augmentation du nombre des chaînes de télévision, individualisme...

 6 - **Et si ça vous arrivait ?**

Pour effectuer ce récit oral individuel, on s'inspirera de l'activité 4 (description de l'appartement de Rose à l'écrit).
Dans la deuxième partie, on pourra inclure les commentaires suggérés par les questions 2 et 3 :
- sélection d'éléments nécessaires à la vie dans cette maison idéale,
- avantages et limites de ce genre de vie.
L'exposé oral pourra donc prendre la forme suivante :
- ce que j'ai fait pendant le week-end,
- ce que j'ai préféré utiliser,
- limites de ce mode de vie. Ce que je découvrirais si je devais me passer de ces « gadgets ».

 7 - **Qu'en dit Christine ?**

Cet exercice est important parce que Christine replace le terme de « cocooning » dans le contexte de la vie réelle :
- celle d'une jeune femme célibataire, parisienne,
- celle de la vie provinciale.
Cette activité d'écoute permettra donc de replacer ce terme dans un contexte particulier et spécifique par rapport au texte d'entrée (*Nouvel Observateur*) qui procède par généralisation.

Rythme de vie et de dépenses   page 46

 1 - **Vrai ou faux ?**

1. V - **2.** F - **3.** V - **4. a.** V - **b.** F.

 2 - **À qui reviennent ces tâches ?**

L'attribution de telle ou telle tâche aux hommes et/ou aux femmes pourra être justifiée par les étudiants, ce qui contribuera à préparer le débat de la fin de l'activité 4.

▶ **3 - Exercice libre.**

▶ **4 - Faites une enquête.**

On pourra enrichir cette activité en enquêtant :
- sur la répartition des tâches aujourd'hui,
- sur la répartition des tâches hier,
ce qui permettra d'envisager ces questions sous l'angle de leur évolution dans le temps et dans différents milieux.

▶ **5 - Comment font-ils leurs comptes ?**

Réponses approximatives :

Logement :	3.100 F
Alimentation :	3.200 F
Transports :	2.500 F
Habillement :	1.100 F
Équipement logement :	1.300 F
Loisirs/culture :	1.000 F
Santé :	1.400 F
Services divers :	1.950 F
TOTAL :	15.550 F

La bourgeoisie est à la hausse   page 47

Ce texte de magazine généralise : il faut le prendre comme un simple indicateur de tendance. Après le vent de révolution de mai 1968, la société française qui avait rejeté les valeurs dites traditionnelles se tourne de nouveau vers elles et, sous des influences diverses (élévation du niveau de vie général, meilleure alimentation et meilleure santé, âge de la vieillesse repoussé...), tend vers une certaine uniformisation, tout au moins en apparence, et un certain repli sur elle-même.

▶ **6 - Quelles sont les tendances ?**

1. *Dans le vent - se prolétarisent - élitiste - haut de gamme.*
2. *Bourgeoisie élitiste - un certain classicisme - les séries spéciales - version néo-classique.*

▶ **7 - Exercice libre.**

48

L'escalier

page 48

▶ 1 - Exercice libre.

▶ 2 - Quelle est l'intention de l'auteur ?

1. Dans ce texte, Georges Pérec fait une généralisation très poussée sur la vie des habitants d'un immeuble.
Les habitants protègent jalousement leur « vie privée » derrière leur porte, alors qu'ils font tous les mêmes choses en même temps.
Ce qu'on devine de leur vie quotidienne, c'est ce qui est le plus banal et le plus répétitif.

2. L'impression de banalité est donnée :
- par le pronom pluriel « ils » et par l'emploi du présent, deux procédés de généralisation,
- par la description répétitive des mêmes gestes et des mêmes comportements.

3. La vétusté est mise en relation avec la hiérarchie sociale.

4. L'absence de tapis dans les étages élevés (chambres de bonne sous les toits).

5. La bourgeoisie a dicté ses conventions une fois pour toutes.

6. Dans les escaliers, les voisins pourraient se rencontrer et échanger quelques mots. L'auteur n'en parle pas. L'escalier est ici l'espace commun des locataires et le lien entre l'extérieur (la rue, la société) et l'intérieur (l'espace privé). Ce n'est pas un lieu convivial mais un espace fonctionnel, un lieu de circulation.

▶ 3 - Que se passe-t-il ?

On pourra également faire décrire la vie d'un immeuble ou d'un quartier (celui où vit l'étudiant). Pour cela, on demandera d'essayer de procéder à la manière de Georges Pérec, c'est-à-dire :
- de généraliser en utilisant le présent (valeur de vérité générale), l'article défini,
- de ne pas décrire d'objets ou d'individus particuliers et de souligner les similitudes,
- de rester au niveau de ce qu'on observe (objets ou actions) et non de ce qu'on imagine (c'est le lecteur qui tire les conclusions).

Dans les productions des étudiants, on cherchera des aspects de la vie quotidienne marqués culturellement qui pourraient éclairer un étranger sur des phénomènes ou des pratiques différentes des siennes. De même que Georges Pérec mentionne le fait que le tapis est moins épais sous les combles, c'est-à-dire dans les étages où étaient (autrefois) logés les domestiques, les étudiants auront peut-être été attentifs à des phénomènes de ce genre. On leur demandera d'identifier dans leurs textes ces détails révélateurs.

Les Français et leurs loisirs

page 49

4

▶ **4 - Exercice libre.**

▶ **5 -** Une enquête sur les vacances et les week-ends.

Le questionnaire sera préparé par des groupes de cinq ou six étudiants.
Puis chacun répondra au questionnaire ainsi rédigé et on fera une synthèse des réponses par groupe.

Les étudiants pourront s'exprimer tour à tour sur les avantages qu'il y a à préférer telle ou telle activité de plusieurs points de vue :
- détente, divertissement, plaisir,
- éducation, culture, découverte,
- relations humaines (entretenir des relations sociales, amicales, affectives).

Les points de vue à adopter pourront résulter de la constitution d'un réseau autour du terme « loisirs ».

ESPACE LANGUE

Production de textes

Comment trouver et organiser des idées

page 50

Le questionnaire systématique permet de faire jaillir des idées et de les organiser en vue de l'écriture. Il consiste à se poser des questions sur la forme, la nature, l'origine, les causes, les effets possibles d'un événement, d'un objet ou d'une idée, de l'associer ou de la comparer à d'autres phénomènes.

Ces questions permettront de stimuler la créativité des étudiants et de leur montrer qu'ils possèdent beaucoup de ressources en eux-mêmes ; il convient d'apprendre à les exprimer.
Ces recherches d'idées se feront d'abord en groupe. Les idées seront notées et classées, au tableau.

Au cours de ces activités, chaque étudiant réfléchira à son univers culturel : comment cet univers s'est construit (éducation, rencontres, influences diverses) ; de quels éléments il est constitué (goûts, biens de consommation...) ; comment il

50

s'organise (temps passé à différentes activités : famille, amis, relations sociales, relations professionnelles, travail...) ; quelle importance est donnée à certaines activités et quelles valeurs prédominent dans ces choix de vie (réussite ? amitié ? famille ? couple ? liberté individuelle ?).

À l'issue de ce dossier, les étudiants s'apercevront mieux, sur un plan personnel, du fait que chacun de nous est à la fois profondément libre et profondément influencé par des déterminismes culturels et sociaux (nationalité, origines, éducation, milieu, culture maternelle). Cette réflexion mettra en lumière les notions :
- de relativité. *Mon mode de vie n'est pas le mode de vie des gens de mon pays.*
- d'objectivation. *Dans la relation interculturelle, il est nécessaire de regarder son propre mode de vie de façon distanciée en essayant d'analyser le pourquoi et le comment afin d'éviter les pièges de l'ethnocentrisme (1). On apprendra ainsi à mieux objectiver ses points de vue et à expliquer pourquoi les choix qu'on fait sont à la fois subjectifs (expérience personnelle) et culturels (appartenance à un groupe social).*

---

(1) L'ethnocentrisme est un phénomène à la fois culturel et psychologique qui nous amène à percevoir le monde à travers un filtre. Ainsi nous traduisons ce que nous ne comprenons pas dans notre langage habituel (au lieu d'essayer de comprendre) et nous interprétons les cultures étrangères selon nos propres habitudes et nos propres valeurs. Parfois, l'ethnocentrisme conduit simplement à rejeter ce qui est différent.

Grammaire

Comparer   page 52

■ **1 - Exercice libre.**

■ **2 - Comparez un mode de vie convivial au « cocooning ».**

1. Réponses possibles :

Tourné vers l'extérieur	*Cocooning*
• aller faire ses courses	• commander par minitel
• travailler à l'extérieur	• travailler chez soi
• faire de la gymnastique dans un club de sport	• avoir des appareils de gymnastique
• aller au cinéma avec des amis	• regarder la télévision sur grand écran
...	• s'occuper des enfants
	• cultiver son jardin

2. Il y a dix ans les gens allaient faire leur course dans les magasins, aujourd'hui beaucoup d'entre eux commandent par minitel.

Avant les gens travaillaient à l'extérieur, maintenant de plus en plus de gens travaillent chez eux.

Il y a quelques années les gens faisaient de la gymnastique dans un club, maintenant beaucoup ont des appareils chez eux.

Il n'y a pas si longtemps les gens allaient beaucoup au cinéma, maintenant certains d'entre eux choisissent leurs films sur cassettes vidéo et les regardent chez eux sur grand écran ou sur un lecteur de vidéodisques..

Les salaires sont plus élevés maintenant qu'il y a cinquante ans.

...

■ 3 - Dites-le autrement.

1. Il n'y avait que 34 % de Français qui pensaient en 1985 que leurs conditions de vie allaient s'améliorer, c'est-à-dire à peine 2 % de plus qu'en 1978.

2. Un couple reste moins longtemps uni aujourd'hui qu'il y a 50 ans.

3. On subit moins les pressions sociales aujourd'hui.

...

Feuilleton Radio

Une femme, un homme   page 55

■ - Lexique

Premier épisode

Vous êtes malade ! (fam.) : votre comportement n'est pas normal. Vous ne tenez pas compte des autres.

Roi du volant (fam.) : se dit par dérision d'une personne qui conduit mal.

Maître de son véhicule : on doit garder le contrôle de sa voiture.

Cervicales : vertèbres situées à la base du cou.

Constat (d'assurance) : feuilles qu'on doit remplir en cas d'accident.

Nausée : mal au cœur.

Mince ! (interj. fam.) : exprime la surprise : - Ça alors !

Côté tête en l'air : côté distrait, inattentif.

Je fonce (fam.) : je me dépêche.

Deuxième épisode

Accrochage : choc entre deux voitures.

De la tôle : petit accident de voiture dans lequel il n'y a pas de blessés.

Être crevé (fam.) : être très fatigué.

Piler : freiner brusquement.

Péniche : bâteau de rivière à fond plat.

Regard de velours : regard tendre, charmeur.

Chauffard (fam.) : mauvais conducteur.

Carrure : largeur du dos, d'une épaule à l'autre.

Prendre un coup sur le crâne : perdre ses esprits.
Avoriaz : station de ski des Alpes où a lieu chaque année un festival de film fantastique.
Revenante (fam.) : personne qu'on n'a pas vue depuis longtemps et qui soudain apparaît ou dont on a des nouvelles.

Troisième épisode
Carré : chambre d'un bateau qui sert de salon ou de salle à manger.
Cale : espace situé entre le pont et le fond d'un bateau.
Petits fours : petits gâteaux qui se mangent frais et qu'on sert souvent dans les cocktails.
Célibataire endurci (fam.) : personne opposée au mariage, qui a pris l'habitude de vivre seule.
Emboutir : enfoncer en heurtant violemment.
Vestiaire : endroit où on laisse les vêtements.

Quatrième épisode
Tronçonneuse : machine électrique qui sert à découper du bois ou du métal.
Fondue : plat d'origine suisse préparé à base de gruyère fondu.
Tenir le coup (fam.) : rester calme, supporter le choc.
S'arranger : trouver une solution, se débrouiller.
Griller un stop (ou un feu rouge) : ne pas s'arrêter au feu rouge, au stop.
Faire comme si : agir comme si les problèmes étaient résolus.

■ - **Activités possibles :**

1. Relevez les expressions familières.
2. Relevez les marques du français oral en prononciation et en syntaxe.
3. Imaginez des événements nouveaux qui pourraient changer le cours de l'histoire. Par exemple :
● Épisode 3 : Françoise n'est pas partie.
● Épisode 4 : Nathalie, prise par son travail, ne peut pas aller déjeuner avec Marc.
4. Imaginez ce qui peut se passer après l'épisode 4.
5. Devinez l'âge et le caractère des personnages d'après leur voix et ce qu'ils expriment.
6. Résumez les épisodes ou trouvez des titres.
7. Relevez certains actes de parole :
- façons de se présenter,
- expressions d'irritation, etc.
8. Situez le passage du « vous » au « tu », notez les réactions des personnages et le changement ultérieur de comportement.

Ces activités pourront être aisément transposées pour les épisodes suivants.

ESPACE SOCIÉTÉ

5

LA FAMILLE, UN REFUGE ?

Examen de la photo de la page d'introduction.
Mots suggérés : *les mariés, le couple, la photo de mariage, les demoiselles d'honneur, les liens du mariage, les traditions et les conventions, le mariage religieux, la cérémonie à l'église...*
On décrira la photo de la page 60 (scène de la vie familiale) et les dessins de Wolinski et de Bretécher (pages 62 et 63) qui mettent en scène des tensions entre mère et enfants, ce qui tend à montrer que la mère est plus particulièrement responsable de l'éducation des enfants « au quotidien », même si son rôle dans la société a évolué (photo page 64).

Lorsque l'enfant disparaît
page 60

La famille décrite dans cette scène est issue de la bourgeoisie parisienne. Le phénomène du rallye (bal où se retrouvent les enfants de la « bonne société ») caractérise les milieux aisés. De même la robe dégriffée de chez Saint-Laurent indique qu'il s'agit d'une soirée chic et non pas d'une « fête ».
Cette famille vit sur un mode traditionnel : trois générations cohabitent et les rôles attribués aux uns et aux autres sont assez classiques.

▶ 1 - Pouvez-vous en deviner le sens ?

Cet exercice est dans le prolongement des activités d'inférences préconisées aux deux niveaux précédents d'ESPACES. Il est utile de rappeler périodiquement aux étudiants qu'ils peuvent souvent « construire » eux-mêmes le sens des mots inconnus à partir d'indices formels (dérivation, composition, ressemblance avec un mot de la langue maternelle), contextuels (redondances, collocations, symétries), situationnels (déroulement prévisible de la situation) et culturels.
L'inférence est une activité de découverte, active et créative. On ne consulte le dictionnaire que pour vérifier ses hypothèses.

▶ 2 - Cherchez l'équivalent.

1. *Je t'en prie* - **2.** *d'y mettre un peu du tien* - **3.** *en râlant* - **4.** *on lui passe tous ses caprices* - **5.** *personne n'était dupe* - **6.** *dégriffé* - **7.** *un petit con.*

▶ 3 - Comment l'expriment-ils ?

1. *Je ne te comprends pas. - Comment peux-tu la laisser sortir à son âge ? - Essaie d'y mettre un peu du tien. - On lui passe tous ses caprices. - Ne bouge pas tout le temps ! - Si tu mangeais moins en cachette ! - Trop belle ! - Parle comme il faut. - Je trouve le décolleté un peu trop audacieux.*

54

2. Il reproche à sa sœur d'être prétentieuse et à ses parents de lui céder et de ne s'occuper que d'elle.

3. La mère reproche à sa fille de mettre trop de temps à se préparer. La grand-mère reproche à sa fille de la laisser sortir si jeune, elle trouve sa petite-fille trop belle, trop décolletée, et voudrait savoir qui est « ce Thomas ».

4. Prier quelqu'un : *Maman, je t'en prie...*
Donner un ordre : *Ne bouge pas tout le temps !*
Donner un conseil : *Si tu mangeais moins en cachette...*

▶ **4 - C'est ce qu'on dit dans les familles !**

Comment peux-tu la laisser sortir à son âge !
Maman, je t'en prie, je suis déjà en retard.
Il faut aussi que je m'occupe du dîner de tes grands-parents...
On verra.. Si tu travailles bien. Si tu réponds correctement...
On lui passe tous ses caprices.
C'est de son âge.
Ne bouge pas tout le temps !
Tu es très belle, ma chérie.
Parle comme il faut !
Que font ses parents ?
Montre comme tu es belle... Tourne un peu pour voir.
C'est vrai que ce garçon a l'air bien élevé.
Vous n'avez pas peur qu'il lui arrive quelque chose ? Avec tout ce qu'on lit dans les journaux...
À cette époque-là, ça n'était pas pareil.

2. La description succincte d'une scène familiale se fera autour des questions :
- *qui ?* Les personnages (mère, fille...)
- *quand ? À quelle occasion ?* (anniversaire, départ en voyage, fin de trimestre scolaire, fiançailles...)
- *où ?* Dans la maison familiale, dans un magasin...
- *pourquoi ?* Que s'est-il passé ? Quelles sont les intentions de chacun ?
- *comment ?* Scène violente ? pathétique ? mélodramatique ?
...

▶ **5 - Rapportez leur conversation.**

Cette activité exige deux tâches différentes :
- l'utilisation du discours indirect,
- la production d'un résumé.

Les points saillants de l'anecdote seront notés par écrit :
- le comportement du frère et des autres membres de la famille,
- les attitudes de Marie et les sentiments qu'elle semble éprouver,
- les commentaires de chacun,

- l'atmosphère,
- l'arrivée de Thomas,
- le dénouement,
- le regard échangé entre Françoise et son mari...

5

Début de réponse possible illustrant l'emploi du style indirect :
*La mère de Françoise lui a demandé comment elle pouvait laisser sortir sa fille
alors qu'elle n'a que seize ans ! Mais Françoise lui a répondu qu'elle était très en
retard et qu'elle n'avait pas le temps de discuter. Ça faisait près d'une heure
qu'elle s'occupait de sa fille Marie : elle lui a demandé d'y mettre un peu du sien
parce qu'elle n'avait pas que ça à faire ! Il fallait aussi qu'elle s'occupe du dîner et
de ses parents. D'autre part, le frère de Marie montrait qu'il n'était pas content. On
ne s'occupait pas de lui. Il pensait qu'il n'y en avait que pour sa sœur, cette
prétentieuse, dont la robe était l'unique sujet de conversation depuis plus d'une
semaine. On pouvait dire que ça avait commencé le jour où elle avait parlé d'aller
à un rallye et où ses parents avaient fait semblant de refuser. Ils lui avaient dit qu'ils
verraient et que, si elle travaillait bien et qu'elle répondait bien aux questions,
alors...*

Cette activité peut être réalisée après les exercices 6 et 7.

▶ 6 - Expliquez les sous-entendus.

1. c - **2. b** et **d** - **3. b** ou **c** pour « entre bébé et petite femme » et **c** pour « entre
père et homme »..

▶ 7 - Donnez votre interprétation.

1. La grand-mère a tendance à s'inquiéter et à surestimer les dangers de la vie
nocturne. Elle pense notamment aux risques d'accidents et aux risques d'agres-
sion dont elle lit le récit dans les journaux.

2. Comme beaucoup de vieilles personnes, elle embellit le passé : autrefois « ce
n'était pas pareil » signifie donc qu'autrefois la vie était plus douce, qu'il y avait
moins de délinquance, qu'une jeune fille pouvait sortir sans inquiétude.

3. Ce qui peut arriver à une jeune fille au cours d'une soirée, c'est d'être courtisée
par un jeune homme ! C'est ce qui s'est passé entre Françoise et celui qui est
devenu son mari et c'est au souvenir de leur rencontre qu'ils sourient.

Le point de vue des enfants

page 62

▶ 1 - Ils se trouvent bien en famille !

Par groupes de trois ou quatre. Chaque groupe imaginera au moins trois questions supplémentaires.

56

La rédaction d'un commentaire de synthèse pourra être effectuée par chacun des groupes. Une phrase ou deux par tableau plus une phrase ou un court paragraphe de synthèse qui mettra en valeur les points suivants :
- absence de « conflit de générations », problème qui se posait dans la génération précédente,
- valeurs transmises aux enfants,
- cellule familiale qui protège l'enfant jusqu'à ce que celui-ci soit autonome.
L'enfant ne quitte pas le foyer pour acquérir son autonomie, mais une fois que celle-ci est acquise (43 %) ou quand il estime le moment venu (27 %).

Questions possibles :
- *Est-ce que vous vous confiez à vos parents quand vous avez des problèmes (amoureux, à l'école, avec un(e) ami(e)...) ?*
- *Est ce que vous abordez les grands problèmes de société avec vos parents ?*
- *Sur laquelle de ces bases doivent surtout s'appuyer les rapports parents-enfants : l'amour, le respect, l'obéissance ?*
- *Est-ce que plus tard vous aimeriez avoir un mode de vie comparable à celui de vos parents ?*

▶ 2 - De quoi s'agit-il ?

Le dessin n'est que le déclencheur d'une activité orale collective qui préparera la lecture du sondage et les commentaires. On s'essaiera à une caractérisation des rapports parents-enfants : tendus / détendus, harmonieux / conflictuels, de force / sans contraintes...

▶ 3 - Menez l'enquête.

Chaque groupe de deux étudiants commentera les réponses données (deux personnes interrogées au minimum) et une discussion pourra être menée collectivement sur les tendances que dessinent les réponses.
Est-ce que les synthèses tirées à partir de sondages français pourraient s'appliquer au contexte culturel des étudiants ?

▶ 4 - Exercice libre.

▶ 5 - Qu'en pensez-vous ? Exercice libre.

Consultez l'index culturel pour savoir qui est la dessinatrice Claire Bretécher.

Labeurs de femmes   page 64

La condition des femmes a beaucoup évolué depuis la fin du XIXe siècle.

Le texte de Martine Ségalen fait le point sur le rôle social attribué aux femmes aux XVIIIe et XIXe siècles.
Pendant les deux guerres mondiales, les femmes ont assuré des travaux traditionnellement réservés aux hommes (cf. photo).

5

▶ 1 - Comment est organisée l'information ?

	Jusqu'au XIXe siècle	À partir du XIXe siècle
Paysannes	• Aux champs, au puits, à la cuisine. • L'éducation des enfants était répartie entre les voisins, les servantes et autres membres de la famille.	
Aristocrates	• Les femmes ne travaillaient pas. Elles confiaient leurs enfants à des nourrices et des précepteurs. • Leur rôle : transmettre le sens de la lignée familiale.	
Ouvrières		• Elles travaillaient de 12 à 14 heures par jour et emmenaient leurs enfants à l'usine. • À la fin du siècle, il y a eu un mouvement de retour des ouvrières chez elles.
Bourgeoises		• Elles étaient exclues de la sphère économique et devaient s'occuper de leur foyer et de leurs enfants.

▶ 2 - Imaginez.

Les étudiants travailleront par groupes de deux.
a. Ils choisiront un portrait de mère aux différentes époques.
b. Ils relèveront les éléments pertinents dans le texte.
c. Ils enrichiront ces données en imaginant les autres activités possibles et les traits physiques et psychologiques du personnage.

Certains récits pourront être lus à l'ensemble du groupe qui en évaluera la pertinence au regard de l'article de Martine Ségalen.

 3 - Préparez l'interview.

Chaque groupe de deux devra formuler une dizaine de questions.
Chaque groupe sélectionnera deux questions et les posera à la classe qui devra répondre.

Questions possibles :
1. Comment les femmes faisaient-elles pour travailler aux champs ?
2. Étaient-elles seules à élever leurs enfants ?
3. Quels risques un enfant pouvait-il courir ?
4. À qui les enfants de l'aristocratie étaient-ils confiés ?
5. Quel était le rôle de la femme noble ?
6. Combien d'heures par jour les femmes travaillaient-elles en usine au XIXe siècle ?
7. Comment s'occupaient-elles de leurs enfants ?
8. Quel était le rôle de la mère bourgeoise ?
9. Quel a été le grand événement religieux du XIXe siècle ?
10. Qu'est-ce qu'une « bonne mère », selon l'Église ?
11. Quel sentiment ce nouveau concept a-t-il fait naître ?

 4 - Des journées bien remplies !

Coralie : elle travaille (bureau + maison) au moins 11 heures par jour. Elle semble être célibataire (ou divorcée).
Claudine : ne travaille pas actuellement (congé parental), mais elle ne veut pas rester chez elle malgré ses deux enfants.
Danielle : entre 11 et 12 heures par jour. Son mari ne gagne pas beaucoup d'argent. Elle n'a pas le choix.
Paula : doit travailler plus de 10 heures par jour (surtout au bureau). Elle a besoin de changer d'air.
Liliane : elle gagne peu. Aurait préféré un mi-temps. Refus de l'entreprise.
Martine : a trois enfants. Ce n'est plus intéressant de travailler à l'extérieur.

Un beau rêve   page 65

 1 - Un rêve en trois tableaux.

1. Ce rêve se situe en trois lieux différents.

Lieux et temps	Personnages	Actions	Atmosphère
• église de banlieue	• femme rougissante	• s'appuyait sur son bras	• modeste et poétique
• appartement	• jeune ménagère	• déposait... soupière fumante	• modeste mais confortable, rideaux tirés, lampe allumée, bel après-midi
• après-midi de juin		• fils chevauchait les chevaux de bois	

2. Quelle est la valeur des temps ?
a. L'imparfait.
b. Le moment de son rêve : un bel après-midi de juin.
c. Imparfait indiquant un état dans le passé et décrivant une action en train de s'accomplir.
d. Une hypothèse.

3. Les étudiants choisiront entre le passé simple qui marque la rupture avec le présent et fait apparaître le récit comme totalement rejeté dans le passé (temps utilisé par les historiens) et le passé composé qui relie le récit au présent.

Ils se sont mariés/ils se marièrent dans une petite église de banlieue, couverte de lierre. La cérémonie a été/fut modeste. La mariée, rougissante, s'est appuyée/-s'appuya sur le bras de son époux. Elle portait sa jupe grise. Elle ne chantait pas, elle ne chanterait jamais « L'air des clochettes ».
Ensuite, ils se sont installés/s'installèrent dans un appartement, modeste mais confortable. Une fois les rideaux tirés, la lampe allumée, la jeune ménagère déposait sur la nappe éblouissante une soupière fumante. Ils ont eu/eurent un fils. Quand il faisait beau l'après-midi, au mois de juin, il chevauchait les chevaux de bois et enfilait des bagues avec dextérité. Son père lui faisait faire ses devoirs sous le regard attendri des Yeux Violets.

▶ **2 - Exercice libre.**

ESPACE LANGUE

Production de textes

60

Comment trouver et organiser des idées

page 66

Ce questionnaire systématique est orienté vers la préparation d'un argumentaire. On pourra appliquer la procédure proposée à d'autres problèmes à débattre : *faut-il laisser la plus entière liberté à ses enfants ?* ou *faut-il élever les filles comme les garçons ?,* etc.
Afin d'illustrer la dynamique de l'écriture d'un texte, nous esquisserons un certain nombres de réponses probables.

■ 1 - Définissez la situation de communication.

Supposez qu'on choisisse :
- d'écrire en son nom propre,
- à l'éditeur du magazine,
- pour soutenir la thèse qu'on peut élever seul un enfant,
- sous forme de lettre (qui pourrait éventuellement être publiée).

■ 2 - Cherchez des idées.

1. *Description :* situation nouvelle dans la société. De plus en plus de cas, surtout des femmes mais aussi quelques pères. Situation inhabituelle il y a encore une trentaine d'années.
Nouveau statut de ces parents et de leurs enfants.
Se détournent de la norme. Évolution différente des mentalités à Paris et en province, à la ville et à la campagne.

2. *Causes :* nombre croissant de divorces, possibilité qu'ont les femmes d'être indépendantes financièrement, besoin de liberté individuelle après 1968, évolution de la société.

3. *Conséquences :* contraintes imposées à la mère ou au père seul : obligation d'être plus souvent à la maison et d'aménager le temps de travail à l'extérieur, d'assumer toutes les tâches domestiques et les responsabilités, de jouer les deux rôles du père et de la mère... Les enfants risquent de se sentir différents des autres, d'avoir des manques affectifs, de vivre dans un foyer moins aisé.

4. *Comparaison :* situation moins équilibrée que la situation « normale ». Exige de la part de l'adulte une qualité d'écoute plus grande, une volonté et un engagement plus grands.

5. *Arguments contre :* risques de troubles affectifs chez l'enfant, de trop grand stress chez l'adulte, problèmes en cas de maladie, difficultés matérielles.
Arguments pour : le parent qui prend cette responsabilité ne compte que sur lui et assume en général ses responsabilités avec succès. La connivence parent-enfant est plus forte. L'enfant apprend mieux les leçons de la vie. La situation est meilleure que celle d'un ménage désuni.

3 - Sélectionnez et préorganisez vos idées.

Le magazine a raison de parler des vrais problèmes d'une société en mutation et d'y intéresser directement ses lecteurs. C'est la meilleure façon de dédramatiser ces problèmes et de promouvoir compréhension et solidarité. Situation certainement difficile à vivre dans certains cas.
La famille se constitue traditionnellement autour du couple. L'enfant a besoin de se former au contact des deux pôles complémentaires du père et de la mère.
Ce qui s'est fait pendant des générations ne saurait être défait sans précautions, etc.
Élever un enfant seul peut certainement comporter de graves risques...
Mais il existe des réussites dans une société qui a évolué ; situation bien plus souhaitable pour l'enfant que celle d'un foyer familial désuni, heureuse évolution des mentalités...
Nécessité d'accepter un état de fait et de tout faire pour aider ceux qui ont pris cette décision ou qui y sont contraints par les circonstances...

Grammaire

Le discours indirect   page 68

■ 1 - Transposez en discours indirect.

1. La fille de Pauline nous a déclaré que sa vie sentimentale ne regardait qu'elle. - **2.** Leur fils aîné t'a dit que ses parents avaient toujours une oreille disponible. - **3.** Il m'affirme que c'est l'ex-femme d'Édouard qui a demandé le divorce. - **4.** Mes voisins me confient qu'il a récupéré ses enfants. - **5.** Tu m'as annoncé que les enfants étaient allés chez ta mère.

■ 2 - Rapportez la conversation.

Paule m'a dit que Julie et Pierre se sont/s'étaient séparés le mois dernier et que leurs enfants sont/étaient partis en vacances chez les cousines de Paule en Bretagne. D'après Paule, il y a/avait longtemps que ça devait arriver parce que ces derniers temps, ils se disputaient sans arrêt. Elle m'a confié que Pierre s'est installé chez son « ex ». Ils forment une belle paire !

■ 3 - Rapportez les énoncés suivants au discours indirect.

1. *... que sa femme de ménage était venue la veille.*
2. *... qu'elle allait chercher son fils à l'école ce jour-là.*
3. *... que je ferais le dîner le lendemain.*
4. *... qu'elle avait un rendez-vous important ce soir-là.*
5. *... qu'elle avait bu trois bols de thé la veille.*

■ 4, 5 et 6 - Exercices libres.

62

ESPACE SOCIÉTÉ

QUE JE T'AIME !   6

Examen de la photo de la page d'introduction.
Mots suggérés : *le petit-fils et le grand-père, l'amour filial, la tendresse, les liens familiaux...*
Cette photo surprendra peut-être car elle vient en contrepoint de l'amour homme-femme qui est le thème du dossier. On la contrastera donc avec les photos suivantes : amour idylle de la rencontre « comme au cinéma » (page 73), s'aimer et vivre ensemble, c'est aussi choisir de vieillir ensemble (page 74), mise en scène dans la littérature et au cinéma du discours amoureux et du marivaudage (page 75), reproches, scènes de jalousie, discussions et aspects quotidiens de la relation amoureuse (page 77).

Histoires d'A   page 72

On pourra réaliser de multiples activités autour de cette chanson.

 - Écoute de la chanson.

On identifiera chacun des prénoms lors des deux premières écoutes et on formera les couples :
Valérie - Nicolas ; Isabelle - Patrick ; Michèle - Gérard ; Évelyne - le monsieur en gris ; Gilbert - prénom à inventer ; Hector - Gertrude ; Simone - Tom.
Puis chaque groupe de deux choisit un couple et imagine ce qui a pu compromettre leur histoire d'amour.
Comment chaque histoire justifie-t-elle le pessimisme du refrain ?

On pourra demander à chaque groupe de choisir dans un magazine des photos qui pourraient représenter chacun des personnages et d'approfondir les raisons de leur échec.

L'art de la rencontre   pages 72 et 73

 1 - Quand dire c'est faire... : l'art de la rencontre.

Que faire...
1. *Pour lier connaissance.*
À 20 ans : Faire circuler l'information en faisant savoir à tous les copains qu'on la/le trouve génial(e). Utiliser de bonnes vieilles tactiques du genre : « Tu ne pourrais pas me prêter tes cours ? ».
Après 25 ans : Se rencontrer chez des amis et ne pas perdre son temps. Il faut rapidement savoir à quoi s'en tenir.

63

2. *Pour réussir un premier rendez-vous.*
À 20 ans : Tout est possible : aller à un concert dans une banlieue lointaine ou chez des copains dont on a perdu l'adresse.
Après 25 ans : Il faut faire le bon choix dès le premier coup : un endroit chic, mais pas trop.

6

3. *Pour approfondir une relation.*
À 20 ans : Affecter d'être contre les petites attentions, faire des cadeaux tout en ayant l'air de ne pas en faire. Par exemple, c'est la jeune fille qui offre des fleurs, on offre des cadeaux débiles et on fait des compliments idiots.
Après 25 ans : Être plein d'attentions : dîner aux chandelles, téléphoner trois fois par jour, envoyer un télégramme quand on doit se voir deux heures plus tard...

▶ **2 - Retrouvez les mots.**

...rencontre - stratégie - occasions - joue - parodiant - ruses - séduire - vrai.

▶ **3 - Exercice libre.**

▶ **4 - Première rencontre.**

On reproduira les grands stéréotypes de l'histoire d'amour au cinéma.
À titre indicatif :
- la scène du regard : le coup de foudre ;
- la rencontre : ils se retrouvent « par hasard ». En fait, il/elle a tout fait pour provoquer ce hasard ;
- le premier dialogue : comment l'amorcer « naturellement ».
Les étudiants seront invités à enrichir ce schéma :
- en faisant varier les situations et les décors de ces scènes ;
- en imaginant des contextes très marqués : cocasses (registre comique), burlesques, réalistes, tragiques...

On sera attentif à :
- la description des décors,
- la pertinence des situations (est-ce qu'elles sonnent juste ?),
- l'épaisseur psychologique des personnages,
- l'originalité des dialogues.
Lorsque des groupes présenteront leurs réalisations, le reste de la classe les évaluera en fonction de ces quatre critères.

Sartre et Beauvoir s'aimaient-ils ? page 74

Avec la publication posthume des *Lettres au Castor* en 1990, le mythe Sartre-Beauvoir a suscité un regain d'intérêt auprès des jeunes générations.

1 - Que vous apprend ce texte ?

1. ....mais - lui, elle - quant à - non pas... - mais - loin de - pour ce qui est... - mais.
2. « C'est indéniablement du grand amour ».
3. Le ton est volontairement irrespectueux.
4. Réponses possibles : l'amour, c'est une grande tendresse toujours renouvelée. L'amour, c'est lorque le désir et le besoin de l'être aimé se confondent.

2 - La lettre attendue !

Cette lettre « pleine de tendresse amoureuse » sera écrite par une moitié de la classe pendant que l'autre moitié écrira une lettre de rupture. Le « facteur » distribuera le courrier au hasard.

Le tourment amoureux   page 75

Avec le film du réalisateur anglais Stephen Frears, le roman par lettres de Choderlos de Laclos a de nouveau conquis un large public.

 1 - Analysez le texte.

1. Les faits :
a. *Sentiment devenu si cruel - languissant - privations - regrets - en proie à des tourments - douloureux - trouble - amertume.*
b. *Vous me défendez de parler de mon amour - sentiment que vous rendez si cruel - l'exil où vous m'avez condamné - votre indifférence - une défense injuste et rigoureuse - vous seule.*

2. ... *Plaindre un malheureux qui ne l'est que par vous - aggraver ses peines par une défense à la fois injuste et rigoureuse - vous seule causez les maux que vous lui reprochez.*
Elle refuse de réparer l'injustice qu'elle cause : ce n'est pas logique.
Madame de Tourvel est la seule cause de son malheur : ce n'est pas digne d'elle.

 2 - Qu'en pensez-vous ?

1. En essayant de lui faire éprouver de la pitié, de l'émouvoir, en la culpabilisant, en essayant de retourner les arguments de madame de Tourvel contre elle, en la séduisant avec des mots...
2. Réponse libre.

▶ 3 - Comment voyez-vous Valmont ?

Comment décrire la personnalité complexe d'un personnage fictif comme le séducteur ? Pourquoi éprouve-t-il le besoin de séduire ? En quoi son comportement est-il immoral ?

La référence à d'autres personnages « mythiques » pourra aider (Don Juan ou Dorian Gray par opposition à Roméo). Le Don Juan de Molière symbolise l'homme libertin et volage qui multiplie les conquêtes féminines et se moque de la morale judéo-chrétienne.

Dans le *Portrait de Dorian Gray*, Oscar Wilde, écrivain anglais, décrit un personnage qui jouit d'une beauté physique que le temps n'altère pas malgré sa vie dissipée. Seul le portrait qu'a fait de lui un peintre se transforme peu à peu et porte toutes les marques des vices de Dorian Gray : il exprime toute la noirceur de sa vie.

On pourra proposer à la classe de composer le message que madame de Tourvel enregistrerait sur un répondeur téléphonique à l'intention de l'importun monsieur de Valmont.

Ce message devra être bref (15 à 20 secondes) et clair au niveau de l'intention. On sera particulièrement attentif à l'intonation et au registre de langue (vouvoiement et formules de politesse sont ici obligatoires). Madame de Tourvel au téléphone :

> *Je vous ordonne de ne plus m'écrire et de cesser de me téléphoner. Votre insistance est intolérable et ma patience a des limites. Au revoir, Monsieur.*

On pourra également faire écrire une lettre en faisant varier le registre de langue :
Réponses possibles à un niveau de langue plus familier :

> *- Je viens de recevoir une de vos lettres. Je commence à en avoir assez et je vous ordonne de ne plus m'écrire !*
>
> *- Trop, c'est trop ! Pour qui vous prenez-vous, Valmont ? La prochaine fois que vous osez m'écrire, je vous renvoie votre lettre sans même la lire !*
>
> *- Ça va durer encore longtemps ce petit jeu ? Vous n'avez rien d'autre à faire dans la vie ? En tout cas, je vous conseille de me foutre la paix !*
>
> *- Vous, on peut dire que vous avez de la suite dans les idées. Remarquez, vos lettres elles sont pas mal, mais c'est pas mon truc. Alors on en reste là, d'accord ?*

L'amour malheureux - L'amoureuse
page 76

▶ 1 - De quelles amours peut-il s'agir ?

Réponses possibles :
L'amour de la liberté, de la patrie, d'une femme, d'un enfant...

▶ 2 - Analysez le poème de Paul Éluard.

1. *Ses cheveux sont dans les miens - elle a la forme de mes mains - elle a la couleur de mes yeux - elle s'engloutit dans mon ombre.*
2. *Elle a toujours les yeux ouverts et ne me laisse pas dormir - ses rêves font s'évaporer le soleil - me font rire...*
3. Émotions : le poète est ému par l'image omniprésente de l'Amoureuse. Elle habite ses pensées, conscientes ou inconscientes. Elle ne fait qu'un avec lui. Comportements : rire, pleurer, parler sans avoir rien à dire, ne pas dormir.
4. L'amour fusion. Par la fusion des corps et des âmes, par des réactions de l'amant.

▶ 3 - L'idéal amoureux.

Cette activité peut être préparée par le jeu du « portrait chinois » qui consiste à répondre aux questions suivantes :
> *Si c'était... un mammifère / une plante / un astre / un objet / un héros ou une héroïne d'aujourd'hui / un moyen de transport / un oiseau / une couleur / un instrument de musique / un mot / un adjectif / un verbe / un tissu / un personnage de roman / un personnage de cinéma, etc., qu'est-ce que ce serait ?*

D'autres questions peuvent être imaginées pour enrichir ce portrait.
Jeu de rôle : Vous racontez à un(e) amie(e) que vous avez rencontré le/la partenaire idéal(e). Vous en faites le portrait. Cet(te) ami(e) vous pose des questions.
- *Est-ce qu'il/elle est riche ?*
- *Est-ce qu'il/elle a déjà été marié(e) ?*
- *Est-ce qu'il/elle a des enfants ?*
- *Est-ce qu'il/elle est cultivé(e) ?*
- *Quelle éducation a-t-il/elle reçu(e) ?*
- *Quelle est sa profession ?*
- *A-t-il/elle de l'ambition ? Des projets ?*
- *Qu'attend-il/elle de la vie ? Est-il/elle amoureux/amoureuse de toi ?*
etc.

Ces questions vous obligent à considérer l'homme ou la femme de vos pensées sous un angle plus réaliste ! Que répondez-vous ?

▶ 4 - Mettez en ordre.

1. Une prochaine réunion tumultueuse.
2. Un petit restaurant pas cher.
3. Un grand garçon courtois.
4. Un vieil ami agréable.
5. Un mauvais goût bizarre.
6. Une jeune et jolie femme ou une jolie jeune femme.
7. Un gentil petit copain ou un chic petit copain.

L'amour tendresse

page 77

6

L'œuvre littéraire et cinématographique de Marcel Pagnol fait partie de la mémoire collective des Français. Pagnol décrit la culture populaire méridionale. Ses personnages évoluent dans le Vieux-Port de Marseille et plus généralement dans le Midi de la France. Son œuvre cinématographique est caractérisée par la très grande qualité des dialogues et des comédiens.

▶ 1 - Qui parle à qui ?

1. Pompon : *il* (tournait, virait, cherchait, était) ; *lui, lui* (bois-) ; *lui* (fait).
Pomponnette : *toi ; tu* (reviens) ; *elle ; son* (chat de gouttière) ; *il* (avait) ; *elle, elle* (savait, n'avait pas honte, dirait) ; *tu* (en fais) ; *ton* (berger) ; *elle* (a vu) ; *tu* (reviens, as eu faim et froid) ; *tu* (repartiras) ; *elle* (ne repartira plus).
Chat de gouttière : *il* (était) ; *il* (se réveillait), *il* (s').
2. Le boulanger/Pompon ; Aurélie/Pomponnette ; le berger/le chat de gouttière.

▶ 2 - Déduisez-le.

1. Le « berger de gouttière » est beau, mais c'est un inconnu, un bon-à-rien qui ne s'est pas occupé d'Aurélie (elle a eu faim et froid). Le boulanger n'est pas beau, il est vieux, mais il est tendre et attentionné avec sa femme.
2. Le boulanger pense qu'elle est partie parce que l'autre était « plus beau ». Mais elle a peut-être eu envie d'autre chose que de la tendresse. Elle est jeune, le boulanger est plus âgé qu'elle et elle a eu besoin de folie, de passion...
3. Pour la sécurité.
4. L'amour tendresse. Il se réveille la nuit pour la regarder dormir, il prend soin d'elle.

ESPACE LANGUE _____

Production de texte

Choix et organisation des contenus

page 78

On fera trouver des thèmes et des intentions pour lesquelles telle ou telle organisation rhétorique semble la plus efficace. On fera écrire, en temps limité très court, un petit texte dans chaque cas afin de vérifier que les étudiants possèdent les articulateurs permettant les agencements envisagés.

Les exercices 1 à 4 pourront être réalisés en groupes. On vérifiera que les groupes ont bien choisi des points de vue différents afin de préparer un débat oral éventuel sur le thème proposé.
L'exercice 6 pourra être réalisé avant l'exercice 2 en guise de préparation à la recherche et au classement d'idées.

6

Grammaire

Qualifier et modifier le nom   page 80

■ 1 - Cherchez le sens des adjectifs.

1. Un brave homme : un homme pas méchant mais pas très intelligent.
2. Une nouvelle parmi d'autres.
3. Gentil, prêt à rendre service.
4. Plusieurs raisons.
5. Un homme important, célèbre.
6. Un vin qu'on ne connaissait pas auparavant.
7. Aucun homme.
8. Un homme malheureux, à plaindre.
9. Un artisan qui n'a que peu de moyens, qui n'a qu'une petite entreprise.
10. De ses mains à lui (ou à elle).
11. Un café dont l'origine colombienne est authentique.
12. Un individu peu recommandable.
13. Un homme seulement / Un homme unique.
14. Ce n'est qu'un plaisir.
15. Un individu sans moralité.

■ 2 - Où peuvent se placer ces adjectifs ?

Tous après le nom.
1. C'est une femme élégante.
2. C'est un homme courtois.
3. J'ai fait une rencontre inoubliable.
4. Un enfant au teint frais.
5. Il s'agit d'un événement effroyable.
6. C'est un amour narcissique.
7. Je n'aime pas les fromages au goût prononcé.
8. Cette femme a un parfum subtil.

■ 3 - Complétez ce texte avec des pronoms relatifs.

...à qui - auxquels - dont - qu' - auxquels - où - dans laquelle - pour laquelle.

■ 4 - Réunissez chaque nom...

Une histoire sans importance - un amour sans espoir - un concert en banlieue - un repas de mariage - un chapeau à fleurs - une poupée en carton - un souvenir de vacances - un dîner aux chandelles - un caractère en or - un verre de champagne - un homme aux cheveux blancs - des pleurs de tristesse - un teint sans fraîcheur.

■ 5 - Réunissez chaque nom à un infinitif avec « à » ou « de ».

Plaisir de manger - joie de vivre - laideur à pleurer - besoin de chanter - peur de s'engager - machine à laver - liberté de créer.

ESPACE SOCIÉTÉ

Examen de l'illustration de la page d'introduction.
Mots suggérés : *courtoisie, bonnes manières, code social, bonne éducation, rites bourgeois, politesse, interactions, snobisme, époque révolue...*
Interprétation : que cache la politesse ? (cf. l'hypocrisie mise en scène dans le dessin de la page 84) ; le rôle des bonnes manières dans la société...

Vive les bonnes manières !   page 84

Voir les exercices du *Cahier*.
On comparera les quelques exemples de « bonnes manières à la française » avec les bonnes manières du pays d'origine des étudiants et on pourra évoquer des situations dans lesquelles les étudiants n'ont pas respecté les habitudes françaises... Qu'en est-il résulté ?

Mœurs - Qui parle à qui ?   page 85

▶ **1 - Repérez les articulations du texte.**

1. Réponses possibles :
   1er paragraphe : *Trois étapes.*
   2e paragraphe : *Les jeunes discutent beaucoup.*
   3e paragraphe : *Conversations de bureau.*
   4e paragraphe : *La famille, sujet préféré du 3e âge.*
2. La vie en couple. - **3.** On sort moins. - **4.** Lorsque les gens passent huit heures par jour dans un bureau (ou un atelier...), ils créent forcément des liens avec leurs collègues. - **5.** C'est l'âge de la retraite. Les gens ne sont plus dans la vie active et sont moins sollicités. Ils se consacrent davantage à leur famille.

▶ **2 - Et vous ?**

On demandera d'abord à l'ensemble du groupe qui a beaucoup, peu ou très peu d'interlocuteurs privilégiés (c'est-à-dire de confident(e)s).
Puis on formera de petits groupes de 4 ou 5 étudiants pour réfléchir aux questions suivantes :
    - *Qui sont les amis et les confidents ? Pourquoi certains d'entre eux deviennent-ils des interlocuteurs privilégiés ?*
    - *Où les rencontre-t-on ?*
    - *Pourquoi une relation d'amitié fondée sur le dialogue et la communication peut-elle durer très longtemps ?*

- De quoi parle-t-on ?
- Pourquoi éprouve-t-on ou n'éprouve-t-on pas, le besoin de parler avec les autres ?
- Pourquoi se perd-on de vue ?
- Ces relations sont-elles nécessaires ? vitales ? superflues ?
- Peut-on vivre sans ces relations ?

Des rapporteurs font le compte rendu de la discussion menée dans leur groupe à l'ensemble de la classe.
La classe répond à la question : *Votre évolution ressemble-t-elle à celle des Français ?*

▶ 3 - Bouleversez les habitudes.

Préparation au jeu de rôle : Chaque équipe de deux étudiants va choisir un rôle et préciser l'identité du personnage : âge, secteur d'activités, milieu social... On pourra proposer les rencontres suivantes : un cadre et un ouvrier - un touriste et une femme enceinte - un chômeur et un PDG - un musicien et un jeune cadre dynamique...
Chacun des personnages a une ou plusieurs raisons particulières d'être pressé et impatient. Chaque étudiant réfléchit individuellement à ces raisons et à la façon dont il va entrer en contact avec son voisin sur le quai du métro ou du RER.

Exemple de dialogue entre un ouvrier et un cadre (station RER « Châtelet-Les Halles ») :
O : - Vous attendez depuis longtemps, vous ? Moi, ça fait bien vingt minutes !
C : - C'est tout à fait mon cas. Je suis ici depuis une demi-heure très exactement.
O : - Parce que, vous comprenez, après une journée de travail on n'a pas que ça à faire. Moi, il faut que je sois à la maison à 7 heures, et surtout le mardi... on a entraînement de foot avec les copains... je (ne) sais pas vous, mais...
C : - Je devrais déjà être à un rendez-vous, alors vous imaginez...
O : - Oui, et évidemment vous ne pouvez pas prendre un taxi.
C : - C'est encore pire ! Ils sont pris d'assaut et, de plus, toutes les avenues sont bouchées. Non, je crois que je vais aller téléphoner pour annuler mon rendez-vous.

Entre les « Moi-je » et les « Moi-nous »

pages 86 - 87

1 - Quel est son univers ?

1. Ce travail est à effectuer à l'oral. La classe sera divisée en deux. Une partie des étudiants retrouvera les questions du sondage et les posera à l'autre moitié, les Narcisse (rappeler aux étudiants qu'ils trouveront une explication sur « Narcisse » dans l'index culturel).

Réponses possibles:
Où trouvez-vous l'argent pour faire tous ces achats?
Il se débrouille.
Est-ce que vous vous intéressez à la vie communautaire?
Ce n'est vraiment pas ce qui l'intéresse!
Vous sentez-vous concerné par la politique?
La politique n'est pas sa passion et qu'importe qui gouverne du moment qu'on le laisse tranquille.
Ça ne vous arrive jamais de vous sentir seul?
Il s'angoisse un peu, mais c'est le cas de pas mal de gens, alors...

2. Les définitions seront cherchées à deux et écrites sur des fiches. Chaque équipe mettra par écrit, sur trois fiches distinctes, sa définition des termes (image de soi, individualisme, société de consommation).
Trois jurys seront constitués, chacun ayant pour fonction de recueillir un paquet de fiches (un pour chaque terme), de les lire et de trouver une définition-synthèse. Les trois jurys lisent leur définition à l'ensemble de la classe qui l'évalue, la discute et la modifie, le cas échéant.

Réponses possibles:
Image de soi: l'opinion que l'on a de soi-même et que l'on veut faire partager aux autres.
Individualisme: attitude qui consiste à accorder d'abord de l'importance à ses propres principes, valeurs et désirs avant de tenir compte de ceux des autres. On utilise alors le groupe pour servir ses propres enjeux.
Société de consommation: une société dans laquelle on incite les gens à consommer toujours plus en créant sans cesse de nouveaux besoins grâce à la publicité.

3. Il achète tous les gadgets qui se présentent.
Pour les gadgets qui se trouvent dans son appartement, se reporter au dossier 4 « Modes de vie », le rêve du *cocooneur*.

 2 - Et si vous étiez un « moi-je »!

Pour écrire ce texte, on pourra s'inspirer de l'appartement moderne vu dans le dossier 4.
Les textes pourront être décrits au présent + passé composé ou à l'imparfait + passé composé. On pourra proposer des variantes à la consigne donnée dans le manuel afin de faire produire des textes moins descriptifs.
Par exemple:
- un ami de Narcisse lui écrit ses quatre vérités (lettre);
- Narcisse, en proie à des doutes sur ses choix et son mode de vie, remet tout en question. Il se confie à son unique confident: son journal intime...
On pourra réinvestir ici une partie du « lexique psychologique » utilisé au dossier 6.

 3 - Trouvez cinq formes impersonnelles.

Il s'agit - qu'il fasse froid/chaud - il le faut bien - il semble que - il faut bien.

73

▶ 4 - De quoi s'agit-il ?

1. *animateur - communauté - la vie de groupe - vie associative - anime - organise les réunions - milite.*

2. Il a été moniteur de colonies de vacances, il anime la section locale de la Fédération des parents d'élèves, il organise les réunions de locataires de leur HLM...

3. La vie en famille et avec des amis qui partagent les mêmes valeurs.

▶ 5 - Qu'est-ce qui les oppose ?

Le « look »
N : cheveux courts, corps d'athlète, vêtements qui attirent l'œil.
J.-C. : tenue décontractée, aucun effort pour se faire remarquer.

Le travail
N : des petits boulots qui rapportent, rien de très sûr.
J.-C. : travail fixe, sérieux, intellectuel.

Les activités de loisir et les relations humaines
N : sport, achat de gadgets, ne parle pas de ses relations humaines, va à des soirées où il est invité, n'invite pas chez lui.
J.-C. : piscine, chorale, cinéma, théâtre, soirées entre amis, soirées en famille.

Les valeurs
N : l'argent, le paraître...
J.-C. : l'amitié, la famille, l'entraide, la solidarité...

▶ 6 - Sont-ils responsables ?

On pourra mettre en relation les témoignages enregistrés ici et les portraits de Jean-Paul et Nicole du dossier 2. On demandera alors aux étudiants de relever ce qui, dans ces portraits, fait écho à certains de ces témoignages : lesquels et en quoi ?

Magali : militante pour les droits de l'homme. Elle agit, elle reste vigilante et elle organise la solidarité si besoin est.

Jean-Charles : il s'informe, il manifeste parfois et il signe des pétitions quand elles lui semblent justes.

Nicole : se mobilise pour des problèmes au quotidien très concrets.

On se tue à vous le dire   page 88

 1 - Ils se tutoient et ils se vouvoient !

Chacun fait ses propres hypothèses sur l'utilisation du « tu » et du « vous » : secteurs professionnels, générations, rapports hiérarchiques...
La variable secteur professionnel est importante : il existe des secteurs où le « tu » est de règle.
Le tutoiement veut souvent souligner le sentiment d'appartenance à un certain groupe. C'est pour cela qu'on se tutoiera entre étudiants à l'université, entre enseignants dans un café, entre jeunes partageant les mêmes références culturelles, entre membres d'un même syndicat ou parti politique. Si, dans ces situations, le « tu » n'est pas utilisé, on interprètera le « vous » comme une volonté de rester à distance, voire à l'extérieur du groupe.

1. *Les études suivies - les secteurs professionnels - les différences de génération - les rapports hiérarchiques - l'ancienneté de l'entreprise et de ses chefs.*
2. *Pourquoi utilisent-ils le « tu » et le « vous » ?*
    a. Nicolas et Georges ont fait la même grande école.
    Nadine et Claude parce qu'ils travaillent dans la publicité.
    Pierre et Paul pour qu'il y ait plus de sympathie entre eux.
    b. Différence hiérarchique trop grande entre le patron et sa secrétaire. Le gestionnaire ne veut pas trop de familiarité.
    c. L'auteur a joué sur la synonymie entre le *tue* du verbe *tuer* et le *tu* pronom personnel. L'expression « se tuer à dire quelque chose à quelqu'un » signifie répéter sans arrêt.

 2 - Problèmes de communication

a. Non, la direction cultive le goût du secret.
b. Les employés n'ont pas le réflexe de se confier à leur chef de service qui risque de ne pas faire remonter l'information auprès de la direction ou qui risque de déformer cette information.

 3 - Qu'en concluez-vous ?

Réponse possible :
Après avoir lu cet article et écouté les enregistrements, il semble que seuls peuvent se tutoyer les gens qui ont des rapports d'égal à égal ou ceux qui ont fait les mêmes grandes écoles, quels que soient leurs rapports hiérarchiques dans l'entreprise. Pourtant, cela varie aussi en fonction du secteur professionnel. En ce qui concerne l'information, il semble qu'elle circule mal et beaucoup d'employés se plaignent de ne pas avoir la possibilité de prendre des initiatives. En conclusion, on peut dire que les barrières hiérarchiques deviennent floues, que la communication à l'intérieur de l'entreprise est complexe et que, dans l'ensemble, c'est une situation difficile à gérer autant pour les employeurs que pour les salariés.

▶ **4 - Mieux vaut connaître les règles !**

Ce travail peut être réalisé à deux. Chaque équipe devra :
- *décrire le milieu le plus précisément possible.* Quel groupe est concerné ? dans quel contexte (lieu de travail, restaurant d'entreprise...) ? Y a-t-il une différence de statut entre les interlocuteurs ? une différence de génération ? Plus le milieu choisi sera précis, plus la description sera intéressante pour l'interlocuteur étranger potentiel ;
- *noter les règles et les conseils valables dans le contexte décrit* (différencier les conseils valables dans des contextes très variés des conseils pertinents uniquement dans ce contexte particulier).
Ce travail pourra faire l'objet d'un exposé oral. La classe pourra ainsi évaluer la pertinence des descriptions proposées et celle des conseils donnés par chaque équipe.

Exemple de fiche :

Lieu : le restaurant universitaire de Paris X.
Les étudiants du campus s'y retrouvent entre midi et 14 heures. Ils y vont par petits groupes ; il est rare qu'un étudiant déjeune seul. Il faut d'abord acheter un carnet de tickets de restaurant à la caisse. Ensuite, il faut faire la queue (entre 5 et 20 minutes) avant d'arriver au guichet où on sera servi. On n'a droit qu'à quatre plats : une entrée, un plat principal, un fromage et un dessert, que l'on choisit parmi l'ensemble des plats proposés. Ce sont des cuisiniers qui servent les plats chauds...

Conseils :
- si on a besoin d'un seul ticket, et non d'un carnet, on peut en acheter un à un autre étudiant. Il suffit de demander autour de soi ;
- la file d'attente n'est, en général, pas très ordonnée. Il est bon de rester assez près de ceux qui vous précèdent dans la file. Sinon, on risque de se faire dépasser ;
- chacun débarrasse son plateau lorsqu'il a terminé son déjeuner.

La lettre de madame Leblanc   page 89

 1 - Qu'est-ce qui a provoqué l'envoi de la lettre ?

La formulation d'hypothèses prendra appui sur les expressions utilisées par madame Leblanc, expressions qui traduisent sa perception de la soirée donnée au-dessus de chez elle : *bruits nocturnes - votre musique - vos divertissements - vous amuser.*
On pourra donc supposer qu'il s'agissait d'une soirée au cours de laquelle la voisine du dessus recevait ses amis, moins pour dîner que pour discuter, écouter de la musique et danser.
On aura fait remarquer qu'après avoir laissé un message sur le répondeur téléphonique de sa voisine, madame Leblanc lui adresse cette lettre. Toutes les hypothèses sont donc permises pour expliquer le fait qu'elle ne se déplace pas : infirmité, timidité, peur d'un conflit en face à face.

▶ **2 - Quels sont ses arguments ?**

Les bruits sont interdits après 22 heures (contraintes légales). - Trop de bruit, manque de respect pour le sommeil des voisins (reproches). - En parler au propriétaire (menace). - Aller ailleurs pour s'amuser (conseil).

▶ **3 - Répondez-lui !**

On sera attentif au registre de langue utilisé : il serait bon ici d'employer un registre assez soutenu, à moins de rechercher le défi ou la provocation.
Le vouvoiement et les formules de politesse sont donc de rigueur afin d'appuyer la fermeté du propos. Après avoir identifié ces procédés dans la lettre de madame Leblanc, on fera écrire la réponse de la voisine. Celle-ci va s'excuser tout en donnant son point de vue sur cette soirée.

Par exemple :
Madame,
Si j'ai perturbé votre sommeil la nuit dernière, vous m'en voyez désolée. La mauvaise qualité des planchers et des cloisons qui nous séparent n'est peut-être pas étrangère au fait que vous ayez été si incommodée...
Bien que mon mode de vie ne me donne guère la possibilité de recevoir mes amis avant 20 heures, sachez que je suis consciente de mes devoirs envers mes voisins. Je tâcherai donc, à l'avenir, de vous éviter ces nuisances.
Veuillez agréer, Madame, l'expression de mes respectueuses salutations,
Votre voisine du dessus, Annie

ESPACE LANGUE

Production de textes

Le paragraphe (1)

page 90

■ **1 - Quelle est l'idée centrale ?**

1er paragraphe : *La jeunesse est le temps privilégié des amitiés ; ou : Le temps des discussions et de la convivialité.*
2e paragraphe : *La vie après trente ans est le temps privilégié de la vie de famille et des relations de travail ; ou : La trentaine ou le mélange des genres.*
3e paragraphe : *La vieillesse est le temps privilégié des relations de parenté ; ou : À l'automne de la vie : bébé, maman, mamie.*

■ 2 - Le paragraphe est incomplet.

Ils ne restent pas inactifs.

■ 3 - Chassez l'intruse !

On n'a pas besoin d'en tenir compte.

■ 4 - Reconstruire le paragraphe.

Phrase clef : *En France, les relations de voisinage ne vont pas de soi.*
Ordre : **4.** - *(car)* **3. 2.**- *(mais)* **6.** - *(en effet)* **7** - *(de plus)* **1** - *(et)* **5.**

■ 5 - Qu'a-t-il de particulier ?

1. Jean-Christophe.
2. Phrase-clef possible : *Jean-Christophe s'est toujours intéressé aux autres. À 38 ans, il est...*
3. Parce qu'il s'agit d'un récit chronologique suffisamment explicite.
4. Activité libre.

■ 6 et 7 - Exercices libres.

Grammaire

Modifier ou préciser des éléments autres que le nom
pages 92 - 93

■ 1 - Dans le texte « Qui parle à qui ? », relevez les adverbes.

On ne fera pas nécessairement rechercher tous les adverbes, locutions adverbiales et mots de liaison de ce texte. Ils sont trop nombreux. Mais on en profitera pour montrer l'importance de la modification adverbiale dans la langue et les valeurs et les fonctions très différentes que peuvent prendre les mots de la langue qu'on classe dans cette catégorie.

Dans la vie d'un adulte : locution adverbiale, temps - *éventuellement :* possibilité, éventualité - *une fois :* moment dans le temps, postériorité - *ne rien :* négation -

78

Avant 30 ans : temps, antériorité - *plus :* comparaison, supériorité - *Dix ans plus tard :* temps, postériorité - *deux fois :* quantité - *ne... que :* restriction - *ensuite :* temps, postériorité - *Arrivé à la trentaine :* temps - *Huit heures par jour :* temps - *dans un bureau ou un atelier :* lieu - *même :* intensité - *En vieillissant :* temps - *plus :* comparaison, supériorité - *Dès l'âge de 60 ans :* temps - *plus du quart :* quantité - *près de la moitié :* quantité - *essentiellement :* intensité - *aussi :* égalité, mot de liaison - *à l'automne de la vie :* temps - *plutôt :* intensité - *moins / plus :* comparaison.

■ 2 - Formez des adverbes de manière.

Collectivement - mutuellement - récemment - grandement - complètement - puissamment - aisément - fréquemment.

■ 3 - Relevez les adverbes et les locutions adverbiales.

En France (lieu, complément de phrase) - *d'abord* (temps, mot de liaison) - *plutôt* (intensité) - *d'ailleurs* (mot de liaison) - *beaucoup* (intensité) - *plus* (comparaison) - *non plus* (négation) - *cependant* (opposition) - *en mai 1968* (temps, complément de phrase) - *par exemple* (locution de liaison) - *dans la vie de tous les jours* (temps, complément de phrase) - *proportionnellement* (intensité) - *plus encore* (intensité).

■ 4 - Relevez les adverbes dans le texte page 88.

Plus (modifie un autre adverbe, se place avant, comparaison) - *naturellement* (verbe, après, manière) - *de plus en plus* (participe passé, avant, comparaison) - *même* (modifie un complément circonstanciel, avant, intensité) - *moins* (adjectif, avant, comparaison) - *finalement* (phrase, entre le verbe et le complément indirect, temps) - *même* (renforce « si », avant, intensité).

■ 5 - Complétez le texte.

Le plus souvent - surtout - en particulier - assez - deux fois sur trois - mieux - dans toutes les circonstances - toujours - plus librement.

ESPACE SOCIÉTÉ

8 — **ILS Y CROIENT !**

Examen de la photo de la page d'introduction.
Mots suggérés : *croire, prévoir, la voyance, lire l'avenir, espérer, se désespérer, les valeurs, les peurs, la crainte de l'avenir, l'optimisme, le pessimisme.*

Les fantasmes des Français   page 96

▶ **1 -** **Retrouvez-les dans le texte.**

Valeurs matérielles : ne plus avoir de dettes ; rentabiliser sa ferme ; exercer la profession idéale ; vivre dans une société plus juste ; avoir une bonne vue ; richesse, gloire ; créer une entreprise.
Valeurs affectives : être les plus drôles ; les plus compétents ; partir à l'aventure ; appartenir à Médecins sans frontières ; sauver un enfant de la noyade ; vivre dans un palace ou sur une île déserte ; refaire sa vie ailleurs ; se sacrifier.

▶ **2 -** **Donnez votre opinion.**

Travail individuel : chaque étudiant classera ses choix et les justifiera d'abord à l'écrit, sous forme de notes.

▶ **3 -** **Qu'est-ce qu'ils feraient ?**

1. ... quitteraient tout pour refaire leur vie au bout du monde. - **2.** ... créeraient leur entreprise. - **3.** ... ils choisiraient l'île déserte. - **4.** ... ils se sacrifieraient pour une cause juste. - **5.** ... ils rêveraient d'être prince.

▶ **4 -** **Faites un sondage.**

La recherche des questions du sondage se fera par équipes de deux. On fera rechercher cinq questions originales par équipe. On retiendra les dix questions les plus insolites, c'est-à-dire celles qui appellent les réponses les plus personnelles et les moins banales de la part des sondés. Chaque étudiant répondra à ces questions par écrit. On pourra afficher les réponses dans la salle et chacun en prendra rapidement connaissance.

5 et 6 - Donnez votre opinion.

Pour se préparer au débat, chaque étudiant pourra écrire 2 ou 3 phrases de commentaire en regard des mots sélectionnés. L'exercice 6 apporte un élargissement : chacun devra faire un effort pour nommer ses valeurs et ses principes, ses prises de position et ses choix. On demandera à chaque étudiant de citer trois termes et le personnage qu'il admire le plus dans son pays afin que chacun ait un temps de parole et que la comparaison puisse se faire.
Quatre étudiants pourront être plus particulièrement chargés de prendre des notes afin de lancer le débat à partir des réflexions de leurs camarades. Une conclusion écrite pourra être demandée et rédigée en groupes. La consigne pourra être : « Si vous deviez expliquer à un étranger francophone quelles valeurs sont partagées par le groupe, que diriez-vous ? ».

 7 - Quelles sont leurs valeurs ?

1. *L'argent est au centre de tout, mais il n'est pas réparti également pour tout le monde.*
Chacun essaye de se débrouiller sans s'occuper du voisin.
Il y a moins de manifestations, mais la lutte sociale existe toujours à l'intérieur des entreprises.
Les peurs et les espoirs changent de visage.
En France, la devise pourrait être actuellement : le risque, c'est bien, la prudence, c'est mieux.
La lutte des classes n'existe plus. Il existe différentes classes sociales qui ont un but commun.
2. Activité libre.

C'est la ouate qu'ils préfèrent ? 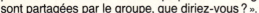 page 98

En France comme ailleurs, les jeunes représentent une population mouvante et difficile à décrire. Ainsi en 1986, lorsque les journalistes parlaient d'une génération blasée, la « Bof génération », les étudiants se sont soulevés pendant plusieurs semaines. De même, les lycéens du *Grand Bleu* ont occupé la rue pendant plus d'un mois en 1990 pour réclamer de meilleures conditions d'étude dans les collèges et les lycées.

 1 - Comment sont-ils ?

1. 18 ans. - **2.** 12 % de l'électorat. - **3.** La gauche. Non. - **4.** 68-70. Ils sont moins rêveurs que leurs parents. L'argent n'est plus tabou, ils veulent réussir. L'influence du chômage, de la concurrence. - **5.** Leur salaire, leur emploi qu'ils estiment au-dessous de leur capacité, le chômage qui touche 11 % d'entre eux. -

6. Leurs idoles sont des gens qui semblent s'éloigner des valeurs liées à l'argent (cf. Coluche, page 100 ; Mayol, le héros du *Grand Bleu* ; le dernier paragraphe du texte de la page 96), alors qu'ils mettent au hit-parade de leurs valeurs : la débrouillardise, les fonceurs et les créatifs.

▶ **2 - Exercice libre.**

Le mal de mère   page 99

Préparation : *Qu'évoquent pour vous la mer et ses profondeurs ? Qu'est-ce qu'avoir le mal de mer ? Et le mal de mère ?*
Les interprétations du titre seront données spontanément par les étudiants au cours du travail collectif mené à l'oral sur le texte de M.-E. Rouchy.

▶ **3 - Cherchez les mots du texte qui évoquent :**

a. L'eau : *se noyer - bouteille d'oxygène - plongeur - dauphins.*
b. La solitude des adolescents : *seuls dans la foule - incapables de communiquer - solitude de leur chambre - le silence.*
c. Leur malaise : *je vis un enfer - je m'accroche - c'est dur.*

▶ **4 - Un phénomène qui fait peur.**

1. L'auteur joue sur la synonymie des mots : *mère* et *mer*.
Avoir le *mal de mère* peut vouloir dire que les adolescents regrettent le temps où ils n'étaient que des fœtus protégés du monde et à l'abri dans « l'eau » du ventre de leur mère.
2. Aux pressions insupportables de la société.
3. Par la fuite et même par le suicide.
4. Parce que 20 % des adolescents ne semblent pas en mesure de résister aux exigences et aux pressions de la société.

▶ **5 - Y a-t-il une « crise de l'adolescence » ?**

1. Activité libre.
2. Que diraient les étudiants de la situation des adolescents dans leur pays ?
On peut préparer les réponses par petits groupes en confrontant les expériences des uns et des autres.
      Comment se comportent les adolescents pendant leurs études ? avec leurs parents ? en société ? Y a-t-il des problèmes majeurs (délinquance, drogue...) ?
      Se mobilisent-ils facilement pour les grandes causes (faim dans le

monde, écologie, racisme...) ?
Quelles sont leurs idoles ?
Sont-ils plus frappés que d'autres tranches d'âge par le chômage ?
Quelles sont leurs perspectives professionnelles ?

Un débat pourra s'ensuivre. Deux ou trois groupes rédigeront un compte rendu.
Ceux-ci seront présentés à la classe et discutés quelques jours plus tard.

8

Un élan de solidarité générale
Les Français donnent aux Français   101

On assiste depuis quelques années à une médiatisation croissante de certaines
entreprises de charité, les restaurants du cœur par exemple. Cette médiatisation a
sans doute largement contribué à sensibiliser les Français aux problèmes du
Quart-Monde et aux causes humanitaires internationales.

▶ **1 - Qu'est ce qui les touche ?**

	En France	**À l'étranger**
Organismes	● Les Restaurants du cœur ● Les compagnons d'Emmaüs (l'abbé Pierre) ● il existe aussi le Secours populaire français, des fondations pour la recherche contre le cancer, etc.	● Médecins du monde ● Médecins sans frontières
Types d'action	● la lutte contre la faim et la pauvreté ● l'aide aux handicapés ● l'aide à la recherche médicale	● l'aide alimentaire et médicale d'urgence ● l'aide au développement des pays pauvres

▶ **2 - Exercice libre.**

Charité bien conçue

page 100

▶ 3 - Quelle est la situation ?

8

Une grand-mère et sa petite-fille. Famille bourgeoise - la charité - à la campagne, dans une grande maison - distribution de dons à des gens dans le besoin et qui sollicitent la charité.

▶ 4 - Quels sont ses critères ?

Famille d'alcoolique - une jeune fille trop handicapée pour être sauvée -déjà donné de l'argent à la communauté juive - demande mal formulée.

▶ 5 - Opposez-les.

a. *Mme Chartrain :* agitée, autoritaire, impatiente, cynique, intolérante, rationaliste. *Stella :* soumise, douce, réfléchie, sentimentale, compréhensive.

b. *Alors que pour Madame Chartrain, la charité ne s'applique qu'aux gens qui, à ses yeux, le « méritent », pour Stella il est important de faire la charité à tous ceux qui souffrent, quelles que soient les causes de leur déchéance.*
Si pour Madame Chartrain la charité... pour Stella, au contraire la charité doit se faire à tous.

ESPACE LANGUE

Production de textes

Le paragraphe (2)

page 102

■ 1 - Retrouvez...

1. Paragraphe 3 - **2.** Paragraphe 1.

■ 2 - Créez une phrase clef.

Réponse possible : *Les jeunes d'aujourd'hui ne ressemblent plus à leurs parents.* À placer au début du paragraphe.

■ 3 - Reformulez les phrases clefs.

Réponses possibles :
1. Ils recherchent les valeurs traditionnelles. - **2.** On peut en gagner sans honte. - **3.** Il mérite qu'on s'en souvienne. - **4.** Nous n'avons pas le même rythme de vie. - **5.** Ce n'est pas facile d'être seul.

■ 4 - Illustrez chacune des cinq phrases clefs citées.

Réponses possibles :
1. Ils vivent plus longtemps chez leurs parents, se marient plus jeunes et veulent des enfants. - **2.** Ils le disent haut et fort et travaillent dur pour se faire une situation. - **3.** C'était un comédien très populaire qui a prouvé sa générosité en créant les restaurants du cœur. - **4.** Il a envie de sortir quand moi, j'ai envie de dormir. - **5.** Les soirées sont longues quelquefois !

■ 5 - Indiquez la cause.

Réponses possibles :
1. Les conditions de vie sont devenues plus dures. - **2.** On a remis les entreprises et les entrepreneurs à l'honneur. - **3.** Il a créé les Restaurants du cœur et a su exprimer les pensées et les espoirs des humbles.

■ 6 - Indiquez la conséquence.

Réponses possibles :
1. La courbe des naissances remonte. - **2.** Les écoles de commerce et de gestion refusent des candidats. - **3.** On espère que son exemple sera suivi.

■ 7 - Commencez à écrire un paragraphe en analysant l'idée exprimée.

Réponses possibles :
1. Les jeunes retrouvent les joies de la famille, recherchent le confort et la sécurité, se remettent sérieusement au travail, aspirent à se faire une place dans la société. - **2.** Les uns craignent le chômage et le manque d'argent, d'autres sont effrayés par la perspective de la maladie, d'autres encore redoutent le déclenchement d'une guerre atomique. - **3.** On est brusquement confronté à la nécessité de se plier à de nouvelles disciplines, heures de travail ou respect d'une hiérarchie ; on éprouve les plus grandes difficultés à trouver un logement, à gérer son budget.

■ 8 - Exercice libre.

■ 9 - Fournissez des arguments.

Réponse possible pour la phrase clef 1.
> *Pour qu'elle soit effective, les plus riches doivent apporter leur aide aux plus pauvres, que ce soit une aide d'individu à individu ou une aide d'État à État (rapport entre le Nord prospère et le Sud déshérité).*

■ 10 - Choisissez une des phrases.

Réponse possible à la question 1 :
> *Parmi les mutations très importantes que connaît la société française depuis 1968, on retiendra comme facteur principal la crise économique dont le début se situe en 1974. Les répercussions culturelles et sociales de celle-ci sont visibles au niveau des modes de vie des Français (cf. le tableau de leurs dépenses, page 46) et au niveau de leurs valeurs : moins de militantisme et plus de solidarité, moins d'utopie également car on se serre les coudes en famille et entre amis.*

Grammaire

Exprimer la condition et l'hypothèse
page 104

■ 1 - Exercice libre.

■ 2 - Réécrivez ces phrases en utilisant une proposition subordonnée.

1. Au cas où vous seriez absent, laissez un message. - **2.** Si j'étais à votre place, je n'insisterais pas. - **3.** Si on n'a pas d'ambition, on n'arrive à rien. - **4.** Pour peu que vous m'aidiez, j'y arriverai.

■ 3 - Que peut-il vous arriver dans ces conditions ?

1. conditionnel - **2.** indicatif - **3.** subjonctif - **4.** subjonctif - **5.** subjonctif - **6.** subjonctif - **7.** conditionnel - **8.** subjonctif.

■ 4 - Variations.

1. Si vous aviez des problèmes, n'hésitez pas à venir me voir.
En supposant que vous ayez des problèmes...

86

Pour peu que vous ayez des problèmes...
Quand bien même vous auriez des problèmes...
2. Même si vous surmontiez cet obstacle...
À supposer que vous surmontiez cet obstacle...
Quand bien même vous surmonteriez cet obstacle...
3. Pour peu que vous preniez quelques risques...
Pourvu que vous preniez quelques risques...

8

■ 5 - Exprimez des souhaits.

1. Si je pouvais accomplir un exploit !
Pourvu que je puisse accomplir un exploit !
2. Si je pouvais ne pas avoir d'angoisses pour l'avenir !
Pourvu que je n'aie plus d'angoisses pour l'avenir !
3. Si je pouvais ne pas avoir d'accident !
Pourvu que je n'aie pas d'accident !
4. Ah, si je pouvais parler français couramment !
Pourvu que je puisse parler français couramment !

■ 6 - Rejetez une affirmation comme une hypothèse fausse.

1. Comme si l'argent faisait le bonheur !
Situation : parole plausible dans la bouche d'un homme riche qui a des malheurs conjugaux et à qui un ami a dit : « L'argent fait le bonheur ! ».
2. Comme s'il ne prenait pas de risques !
3. Comme si j'aimais militer pour une idée !
4. Comme si elle avait peur du danger !
5. Comme si nous risquions de tout perdre !

Feuilleton Radio

Une femme, un homme   page 107

Se reporter aux activités suggérées pour les quatre premiers épisodes.

■ - Lexique

Cinquième épisode
Gâter un enfant : passer tous les caprices ou les désirs d'un enfant.
Tâter le terrain (fam.) : s'assurer des intentions de quelqu'un, de ses dispositions.
Verrière : grande paroie vitrée.
Maison de notaire : grande maison bourgeoise qu'on trouve souvent en province.

Notable : personne qui occupe une situation sociale importante.
Avoir failli : être sur le point de faire quelque chose.
Pigiste : journaliste qui est payé à la ligne écrite.

Sixième épisode
L'air de rien : comme si de rien n'était, sans en avoir l'air.
Être d'astreinte : rester disponible pour aller à l'hôpital en cas d'urgence.

Septième épisode
Ça va barder (fam.) : la discussion va prendre une tournure violente.
Garce (fam.) : femme méchante.
La 5 : chaîne de télévision privée.
Se faire rare : ne pas rendre visite très souvent.
Gaffeur : personne qui dit les choses au mauvais moment ou d'une manière maladroite.

ESPACE SOCIÉTÉ

Ce qu'ils pensent des programmes
page 112

▶ **1 - Quelles sont leurs chances ?**

Les filles - les élèves du sud de la France - les enfants de cadres supérieurs.

▶ **2 - Classez les opinions.**

La tristesse des locaux - la difficulté d'accès aux équipements - l'emploi du temps et les effectifs de classes surchargés - les équipements sportifs - la qualité des professeurs - le statut de « public captif » - le manque d'intérêt des professeurs.

Les étudiants pourront donner une brève description du fonctionnement de l'enseignement secondaire dans leurs pays respectifs et des problèmes qu'on y rencontre.

▶ **3 - Quelle impression avez-vous de cette élève ?**

1. Le bulletin trimestriel, sur lequel les professeurs portent leurs appréciations, sert à informer les familles sur le travail, la conduite et les résultats de leurs enfants au lycée.

2. Ils évaluent le degré de participation à la classe (intérêt et bonne volonté, conduite) ainsi que la qualité du travail et des résultats. Ils utilisent une notation à 5 niveaux (A, B, C, D, E) et donnent des notes sur 20 aux devoirs.

3. Cette élève est insuffisante en tout. Elle ne semble que très moyennement motivée pour les études supérieures.
Cette question prépare au jeu de rôle qui suit. L'analyse du bulletin scolaire permettra de fournir des réponses aux questions que lui poseront ses parents.

▶ **4 - Quelles décisions prendre ?**

Justifications : fatigue, manque d'intérêt pour les études, désir de gagner sa vie rapidement, manque de stimulation, cours sans intérêt, attrait pour telle ou telle profession...
Maëlle peut envisager de partir comme jeune fille au pair pendant un an en Grande-Bretagne ou aux États-Unis pour connaître un pays étranger et améliorer son anglais ; elle peut aussi envisager un métier du spectacle (costumière) ou un

métier artistique (dessinatrice...). Elle semble en effet s'intéresser à l'histoire et être bonne en dessin.

Contrairement à ce qui se passe dans certains pays, les premières années d'études, en France, sont déterminantes pour l'orientation professionnelle de l'élève : il ne s'agit plus, après le bac, de continuer à enrichir sa culture générale, mais d'avoir un projet professionnel assez bien défini entre 18 et 20 ans.

9

TA2 = Terminale A2 - LV1 = Langue vivante 1 - Opt = option - 1°A1 = Première A1 (littéraire).

L'échec de Bruno ! page 113

 1 - Mettez les choses en place.

1. Le père de Bruno - le frère de Bruno - la grand-mère (vient de *mamie* ou *mémée*, terme affectueux pour désigner les grands-mères).

2. Exemples de titres pour le premier paragraphe :
- critiques et commentaires ;
- Bachelard, Mamette et Laure font des commentaires sur l'échec de Bruno.

 2 - Qu'auraient-ils pu ajouter ?

Réponses possibles :
1. *Je suis désolé, pour ton fils.*
C'est vraiment dommage !
Quelle déception !

2. *Si vous vous occupiez un peu plus de lui !*
Il ne fait que ce qui lui plaît !
Ah, s'il travaillait davantage !

3. *(Ne) t'en fais pas, il l'aura la prochaine fois.*
Il n'a pas eu de chance cette fois-ci. Il vaut mieux que ça.
Son bac, ce sera pour la prochaine session.

Les étudiants liront tour à tour les actes de paroles qu'ils auront écrits en décrivant la situation d'emploi (par exemple, au cours d'un dîner, dans la rue, au travail, au téléphone) et en mettant les accents et l'intonation convenables.

On pourra ensuite organiser une petite scène au cours de laquelle différents personnages exprimeront leurs regrets, critiques, souhaits, encouragements... à Bruno ou à son père.

 3 - Qu'en pensez-vous ?

1. Il ne voulait pas se séparer de son fils et il l'a trop protégé. C'est le petit dernier. -

2. C'est sa première séparation avec son père. - **3.** C'est le seul examen qui ouvre la porte des études supérieures en France. - **4.** Son père (ou sa mère) est censé(e) pouvoir l'aider ou tout au moins lui montrer l'exemple. - **5.** Réponse libre. Peut-être celui de la *vox populi* parce qu'il attaque à la fois le père et le fils.

9

La course aux études supérieures

pages 114 - 115

▶ 1 - Que proposent les différentes filières ?

A : français, langues vivantes, art   -   B : économie, langues vivantes   -   C : maths   -   D : sciences naturelles, informatique.

▶ 2 - Quels sont leurs projets ?

	Formation	Lieu d'obtention du diplôme	Ambitions professionnelles et moyens de les réaliser
Marie	• Bac A • Licence de lettres • 2 maîtrises • DEA	• Université	• Devenir professeur d'université ; préparer un doctorat
Richard	• Bac D • Études de sociologie	• Université	• Faire de la musique
Edmond	• DESS édition	• Université	• Monter son entreprise d'édition ; travail et passion
Sylvain	• Bac C • HEC	• HEC	• Changer de poste sans craindre le chômage

Après avoir répondu oralement aux questions posées, les étudiants pourront à leur tour résumer en quelques phrases leur itinéraire professionnel : cycle d'études suivies, quelques mots sur leurs projets professionnels et leurs motivations, les moyens que chacun se donne pour concrétiser ses projets.

▶ 3 - Informez-vous.

1. École nationale d'administration, Hautes études commerciales, l'Institut des sciences politiques, Centrale, Polytechnique, École normale supérieure. -**2.** Les ingénieurs en sciences et les diplômés des écoles commerciales. -**3.** Stages sur mesure, salaires élevés, certaines payent les étudiants pendant leurs études.

▶ 4 - Qu'en pensez-vous ?

1. Il faut travailler très dur en vue du concours et la formation reste livresque. - **2.** Les sciences, les mathématiques, l'ingénierie, le commerce et la gestion. - **3.** Parce qu'on trouve les meilleurs éléments dans les grandes écoles : ils ont été sévèrement sélectionnés à l'entrée alors qu'il n'existe pratiquement pas de sélection à l'entrée à l'université. De plus, ils ont les meilleurs professeurs et les meilleures conditions de travail. Ils constituent une élite.

▶ 5 - Où s'inscrire ?

Préparation par groupe de deux. Chacun s'attribue un rôle.
On peut également faire jouer le hasard en inscrivant sur des morceaux de papier « Université » ou « Classes prépa » et en demandant aux étudiants de tirer leur rôle au sort.
En reparcourant le dossier, chacun note les arguments qui militent en faveur ou contre le rôle attribué.
On peut faire jouer la scène. Pour que le débat ne s'épuise pas trop rapidement, on fera intervenir deux autres étudiants auxquels on attribuera un rôle. Par exemple :

a. Vous envisagez d'arrêter vos études et de tenter tout de suite votre chance dans la vie active. Vous intervenez dans la discussion de vos camarades et vous leur expliquez ce qui motive votre décision.

b. Vous envisagez d'arrêter vos études parce que quelque chose d'exceptionnel vient de vous arriver : coup de foudre, révélation d'une vocation, rentrée d'argent inattendue, offre de départ pour un tour du monde en voilier...
Vous surprenez la discussion de vos camarades et vous leur expliquez ce qui motive votre décision.

Le panorama de l'emploi se modifie
page 116

▶ 1 - Lexique des nouveaux métiers

1. Substantif + suffixe *icien* (qui travaille dans),
  logue (qui est spécialiste de),
 préfixe *intra* (à l'intérieur).

2. Qui travaille dans la logistique - Qui travaille dans l'évaluation de la qualité - Qui travaille dans la didactique.

▶ 2 - De quoi s'agit-il ?

1. Quelqu'un qui recrute des cadres supérieurs.
2. Pour le compte des entreprises.
3. Parce que les personnes qu'elles recherchent sont des « oiseaux rares » très difficiles à trouver.
4. Au niveau le plus élevé.
5. L'oiseau rare, le mouton à cinq pattes, l'individu exceptionnel.
6. Toutes, y compris l'aspect extérieur !

▶ 3 - Faites des concessions.

1. *Quelque / aussi* (doué) *qu'il*...
2. *Quelles que soient*...
3. *Aussi* (grande) *que*...
4. *Quoiqu'ils*...
5. *Elle a beau avoir*...

▶ 4 - Cet oiseau rare existe-t-il ?

La conversation téléphonique pourra être simulée en faisant asseoir les deux étudiants dos à dos. Ils devront parler sans se voir ce qui donnera une importance accrue à la netteté de l'articulation et de l'intonation.
Le jeu de rôle sera préparé par groupes de quatre : le chef d'entreprise et son assistant(e), le chasseur de têtes et son assistant(e). Les deux premiers définiront le portrait de leur candidat idéal, tandis que les deux autres prépareront deux fiches de candidature qui pourront être évoquées au cours de la conversation téléphonique.

ESPACE LANGUE

Production de texte

Le texte (1)   page 118

■ 1 - Lisez les deux paragraphes

1. a. Par un dicton qui surprend et attire l'attention.

b. L'importance grandissante des écoles de commerce.
c. Non.

2. a. Par une citation montrant l'originalité de l'enquête.
b. L'inscription dans les facs.
c. Non.

■ 2 - Écrivez une introduction.

Introduction possible pour le sujet n° 1 : (genre : magazine spécialisé dans les questions scolaires, type *Le Monde de l'éducation*).
Même si l'image du « lycée prison » évolue sensiblement grâce à des initiatives telles que les « Projets d'actions éducatives » et les « Projets d'établissement », l'ouverture du système scolaire au monde professionnel en est encore à ses balbutiements. Le décloisonnement de l'école, c'est bel et bien l'enjeu éducatif de cette fin du XXᵉ siècle.

■ 3 - Exercice libre.

■ 4 - Trouvez une introduction et un titre.

Réponses possibles :
> *Le mot « égalité » va-t-il disparaître de la devise de la République française ?*
> *L'éventail des salaires est un des plus ouverts en Europe et les inégalités ne font que s'accroître.*
> *L'éventail des salaires s'élargit en France,* ou : *L'inégalité par le salaire.*

Grammaire

Exprimer l'opposition et la concession

pages 120 - 121

■ 1 - Opposition ou concession ?

1. Concession - **2.** opposition - **3.** concession - **4.** opposition - **5.** concession - **6.** opposition.

■ 2 - Transformez l'opposition en concession.

1. Bien qu'il y ait une salle de gymnastique...

2. On a beau informer les profs sur les carrières...
3. Bien que le bac permette l'accès à l'enseignement supérieur...
4. Malgré de bons résultats au lycée...
5. Bien qu'il soit fils de professeur...
6. Il a beau être allé souvent en Angleterre...

■ 3 - Exprimez la concession avec préposition + nom.

1. Malgré sa timidité, Bruno a envie de partir...
2. En dépit de ses préjugés...
3. Malgré le nombre de jeunes diplômés...
4. En dépit des différences entre leurs tâches...
5. En dépit de tous ses diplômes...
6. Malgré la valeur de certains enseignements...

■ 4 - Exprimez la concession.

1. On a beau faire trois ans de préparation, on peut échouer au concours.
2. Bien qu'à l'origine elles n'aient été ouvertes qu'aux hommes, on y trouve maintenant beaucoup de femmes.
3. En dépit des nombreux efforts pour y entrer, il en faut encore plus pour sortir dans les premiers.
4. Aussi réduit que soit le nombre des candidats, nous devons trouver l'oiseau rare.
5. Bien qu'aucune prévision exacte ne soit possible, on peut cependant faire des hypothèses.
6. Quelque privilégiée que soit la situation des ingénieurs, elle peut être remise en question dans l'avenir.

ESPACE SOCIÉTÉ

Les activités de la première partie de ce dossier (jusqu'au « Langage de la pub », page 129) seront, de préférence, effectuées par des groupes stables.
En effet le travail proposé, notamment aux pages 126 et 127, gagnera à être réalisé par des équipes ayant déjà travaillé ensemble au cours d'activités précédentes.

À chacun sa vérité
page 124

1 - De quoi s'agit-il ?

Il sera intéressant de faire remarquer que les réponses aux questions « À cause de qui / de quoi ? » et « Quelles sont les conséquences ? » varient selon les titres. On prendra donc soin de répondre à ces trois questions selon les trois points de vue présentés dans les trois titres. On pourra demander aux étudiants de relever dans leurs quotidiens nationaux des exemples de titres se référant à un même événement mais traduisant des points de vue différents.

1. Une révolte dans les prisons.

2. a. *Libération*

Qui ?	Quoi ?	Où ?	À cause de qui ?	Comment ?
Prisonniers	Remue-ménage	Prisons	—	Balancement entre calme et agitation

Conséquences prévisibles : incertaines.

b. *L'Humanité*

Détenus	Malaise	Douai Nice Loos	La chancellerie	... qui mise sur la répression

Conséquences : mutinerie.

c. *Le Figaro*

Mutins	Révoltes	Angers Nice	Des meneurs	(révoltes) bien orchestrées

Conséquences : s'étend, de nouvelles mutineries.

▶ 2 - **Analysez ces mots.**

1. Définitions.

	Subi (—) Provoqué (+)	Violent	Contre l'ordre établi	Banalise (—) Dramatise (+)
Malaise	—	—	+	+
Remue-ménage	+	—	—	—
Révolte	+	+	+	+

10

2. *Révoltes - orchestrées - meneurs - répression - mutinerie.*
3. Journal n° 1 (*Libération*) : *remue-ménage - entre calme et agitation*
4. Journal n° 2 (*L'Humanité*) : *la Chancellerie - en misant sur la répression - tourne le dos à la crise - prend le risque de nouvelles mutineries.*
Journal n° 3 (*Le Figaro*) : *des révoltes très bien orchestrées - des meneurs ont répandu des tracts appelant à la mutinerie.*

▶ 3 - **Qu'en concluez-vous ?**

On indiquera aux étudiants les trois tendances (un quotidien de tendance gouvernementale, un quotidien de droite et un quotidien communiste). On leur demandera de retrouver ces tendances d'après les titres fournis et de justifier leur choix.
Journal n° 1 : *Libération* minimise les événements et n'accuse pas de négligence et d'incompétence les pouvoirs publics : on peut en déduire que ce quotidien est de tendance pro-gouvernementale socialiste.
Journal n° 2 : *Le Figaro* dénonce les meneurs.
Journal n° 3 : *L'Humanité* prend le parti des mutins et attaque le gouvernement : c'est le quotidien communiste.

● L'interprétation que fait le journal communiste est cohérente dans la logique marxiste : un mouvement venant de la base est réprimé par le pouvoir. Les deux termes sous-jacents à cette analyse sont les notions de « lutte des classes » et de « rapports de forces ».
● L'interprétation du *Figaro* est elle aussi classique dans une optique conservatrice : un mouvement de protestation contre les institutions républicaines est forcément provoquée par des meneurs qui manipulent de l'extérieur les gens.
● Dans sa lecture des événements, *Libération* ne « se mouille » pas, ou plutôt « couvre » les décisions prises au niveau gouvernemental. Il minimise la portée et l'ampleur de la « révolte » ou de la « répression ».

Cette analyse permettra aux étudiants de percevoir à quel point la presse parisienne, en France, est liée aux partis ou aux tendances politiques.

Lire la « une »

page 125

10

Les groupes travailleront sur les trois activités suivantes pendant une trentaine de minutes. On évaluera ensuite les réponses apportées.
La « une » d'un journal est un espace très structuré et organisé selon des codes particuliers. On les découvrira collectivement en ce qui concerne la une du *Monde*. On pourrait appliquer la même démarche à un autre journal (cf. *Cahier d'exercices*).

▶ 1 - Analysez la une.

1. Faire désigner et nommer chacune des parties.
2. 2/3 à raison de moitié/moitié (nouvelles nationales et internationales) - 1/10 (bulletin de l'étranger) - 1/8 (publicité) - 1/10 (dessin) - 1/8 (sommaire).
3. *Un seul mark pour l'Allemagne :* étranger (éditorial de la rédaction).
  M. Jacques Chirac veut censurer le gouvernement sur l'amnistie -
  Dessin de Plantu - La machine à voter Le Pen : politique intérieure.
  Après la chute de la Bourse de Tokyo : économie.
  La mort de Jean Jérôme : société, politique.
  L'Est sous le choc énergétique : étranger.
  Livres-idées : culture.

▶ 2 - Quel est le sens des symboles ?

1. Un homme aux yeux bandés tient en laisse un autre homme à quatre pattes habillé comme un juge. L'homme aux yeux bandés porte un sac qui contient de l'argent. Mais la laisse casse et l'homme à quatre pattes essaie de courir après un voleur qui tient lui aussi un sac contenant de l'argent et qui ressemble à l'homme aux yeux bandés. Les symboles signifient :
- un élu (député ou maire) - qui refuse d'être reconnu (procédé utilisé sur les photographies dans les journaux pour qu'on ne reconnaisse pas la personne photographiée) - le parti socialiste - sac qui contient l'argent détourné - un repris de justice qui sort de prison - un juge - la justice ne veut plus être tenue en laisse par le pouvoir politique.

2. Les hommes d'affaires sont poursuivis, les hommes politiques sont blanchis. Des hommes politiques ont été impliqués dans des affaires de détournement d'argent (affaire des fausses factures). Le gouvernement a voté une loi pour protéger et amnistier ces hommes. La magistrature ne veut plus être tenue en laisse. Elle veut se libérer afin de punir tous les coupables et, en particulier, les hommes politiques.
Cette nouvelle « affaire » ne renforce pas la confiance, déjà réduite, qu'ont les Français dans les hommes politiques !

3 - Qu'en pensez-vous ?

C'est un journal destiné à des lecteurs cultivés. Il n'y a pas de faits divers ni de titres à sensation et les articles de la « une » abordent des sujets sérieux de façon approfondie (ces articles, qui continuent dans les pages intérieures, sont longs). *Le Monde* propose une proportion importante de nouvelles internationales. La seule publicité de la « une » est une publicité pour un livre. Le texte est peu aéré et exige un effort de la part du lecteur : il faut être motivé pour lire *Le Monde* !

La conférence de rédaction   page 126

 1 à 5 - Exercices dirigés.

La classe sera divisée en plusieurs groupes.
Avant de se lancer dans la série d'activités proposées, chaque groupe réfléchira :
- à la cible de son journal : les lecteurs auxquels il s'adresse (âge, niveau d'études, hommes ou femmes, milieux socio-professionnels),
- à ses tendances politiques,
- à ses priorités éditoriales.
On devra ensuite déterminer ce qui, dans l'actualité du jour, fera la « une ».
Les choix seront préparés par les réponses aux questions des exercices.

On étudiera la maquette de la « une », page 126. Elle ne présente que l'emplacement et le titre ou l'indication des différents articles ou documents.
Il s'agit de produire une maquette comparable en utilisant les dépêches d'agence et les autres documents (écrits et oraux) fournis en vrac dans la double page.
On prendra en compte l'analyse faite à la page précédente portant sur la répartition et la nature des différents éléments et on fera des choix en fonction de ces paramètres. Il s'agit de conserver l'esprit et la présentation de la « une » du *Monde*.
Le professeur pourra jouer le rôle du rédacteur en chef et rappeler les consignes à suivre à ses rédacteurs.
L'audition des nouvelles de dernière minute se fera collectivement et chacun prendra des notes.
Le professeur aidera les étudiants, au besoin, à rédiger les titres. On comparera les titres imaginés par les différents groupes et on discutera de leur efficacité.

On fera réaliser les maquettes sur grand format afin de les exposer sur un mur et de les comparer. La discussion qui s'ensuivra devrait être nourrie, chacun défendant son projet, posant des questions aux autres sur leur conception du journal. Il n'y a évidemment pas de solution unique !

Les groupes ayant terminé les premiers pourront entreprendre la rédaction d'un article de leur choix.

Pour évaluer les maquettes, on sera attentif :
- à la structure de la page,

- à la cohérence de l'ensemble. Les nouvelles sont-elles bien choisies ? La ligne du journal apparaît-elle à travers cette « une » ?
- à la qualité des titres et des sous-titres (clarté, précision, accroche pour le lecteur).

10

Le pouvoir des médias

page 128

▶ **1 - Analysez l'information.**

Thème	Caractérisation		Actions	
constant	ce qu'il est	...n'est pas	ce qu'il fait	...ne fait pas
Le journal	• un moyen • un commerce sans foi ni loi • une boutique	• un sacerdoce	• vendre • le mal • des crimes • flatter • faire croire ce qu'il veut	• éclairer
Les journaux	• lâches • hypocrites • infâmes • menteurs • assassins		• ils tueront les idées	

▶ **2 - Critiquez la critique.**

1. D'après Balzac, les journaux servent à flatter l'opinion et à servir les partis. Ils peuvent façonner les opinions et faire croire aux gens ce qu'ils veulent. - **2.** Il n'y a pas d'argumentation. Balzac affirme, il a l'air de détenir la vérité, il s'appuie même sur une autorité d'importance, Napoléon. Il ne tient pas compte des arguments qu'on pourrait lui opposer. - **3.** Justement parce qu'elle ne tient pas compte des arguments contraires.

▶ **3 - Ces questions sont toujours d'actualité !**

Par groupes, les étudiants proposeront une liste des dix qualités morales que devraient posséder un journal et des journalistes. On prendra ensuite connaissance de la déclaration ci-après afin de vérifier quels aspects ont été pointés par les étudiants et quels sont les droits et les devoirs que les étudiants ont omis.

On pourra ensuite faire des commentaires à la lumière de ce qui se passe dans la presse écrite et télévisuelle.

Le 24 novembre 1970, les représentants des principaux syndicats de journalistes d'Europe occidentale adoptaient une déclaration des droits et des devoirs des journalistes :

1. *Respecter la vérité, quelles qu'en puissent être les conséquences pour lui-même, et ce, en raison du droit que le public a de connaître la vérité.*
2. *Défendre la liberté de l'information, du commentaire et de la critique.*
3. *Publier seulement les informations dont l'origine est connue ou, dans le cas contraire, les accompagner des réserves nécessaires ; ne pas supprimer les informations essentielles et ne pas altérer les textes ou les documents.*
4. *Ne pas user de méthodes déloyales pour obtenir des informations, des photographies et des documents.*
5. *S'obliger à respecter la vie privée des personnes.* **6.** *Rectifier toute information publiée qui se révèle inexacte.*
7. *Garder le secret professionnel et ne pas divulguer la source des informations obtenues confidentiellement.*
8. *S'interdire le plagiat, la calomnie, la diffamation et les accusations sans fondement, ainsi que de recevoir un quelconque avantage en raison de la publication ou de la suppression d'une information.*
9. *Ne jamais confondre le métier de journaliste avec celui de publicitaire ou de propagandiste ; n'accepter aucune consigne, directe ou indirecte des annonceurs.*
10. *Refuser toute pression et n'accepter de directive rédactionnelle que des responsables de la rédaction.*

(*Nouveaux regards sur la France, sélection des thèmes transversaux,* Larousse, 1987)

Le langage de la pub   page 129

Examiner les photos : les inscriptions sur les murs expriment des désirs (transgresser), de l'invention, de l'imagination et se révoltent contre la monotonie (désorganiser l'ennui).

 1 - Comment voit-il son journal ?

1. Repérer :
a. Quelle était l'ambition de Sartre ?
b. Qu'est ce que mai 68 a changé dans l'écriture de la presse quotidienne ?

2. En quoi ces deux titres de *Libé* parlent-ils différemment de la réalité ?
On fera remarquer que ces titres font appel :
- à la connaissance qu'a le lecteur d'expressions usuelles, de la langue parlée :
• *être assis entre deux chaises* (cf. **Index culturel**).
  Version populaire : *avoir le cul entre deux chaises.*
  Ici, ne pas être à l'aise entre ses alliés de gauche et de droite.

- *Warlhol à la sauce ketchup :*
 « mettre quelque chose à sa sauce » : récupérer, interpréter selon sa propre vision des choses.
 Interprétation possible : Warhol récupéré par le commerce de l'art aux États-Unis.

- à sa connaissance de l'actualité :
- *Le Parti (communiste) se met aux courants :*
 « se mettre au courant » : apprendre, se mettre à jour.
 Fait également allusion aux violents courants de contestation contre la façon autoritaire dont le secrétaire général mène le parti depuis des années.

- à sa familiarité avec le style d'écriture de *Libé* et à sa fidélité au journal. Pour *Libé,* le lecteur devient un complice avec lequel il est possible de jouer sur les mots et sur des références implicites.

▶ **2 - À vous de créer !**

Travail individuel et appréciation collective des slogans. Le principal critère sera le pouvoir de suggestion : « Est-ce que l'association des termes à la marque suggère bien les qualités du produit au consommateur potentiel ? »

Pour aller plus loin, on pourra demander aux étudiants d'apporter en classe deux publicités découpées dans des magazines. Ils imagineront qu'ils veulent commercialiser ces produits en France. Pour ces deux publicités, ils devront imaginer, et non traduire, un slogan construit selon les codes publicitaires français.
On évaluera :
- la fonction poétique du slogan (association de mots et de sonorités, rappel d'un proverbe ou d'une citation connue, qualité de la métaphore...),
- la plus ou moins grande distance entre le slogan de départ et le slogan en français.

ESPACE LANGUE

Production de textes

Le texte (2)   page 130

■ **1 - Remettez dans l'ordre les cinq paragraphes.**

Paragraphe 4 - Paragraphe 3 - Paragraphe 1 - Paragraphe 2 - Paragraphe 5.

■ 2 - Relisez les exemples de conclusions.

Réponses possibles :
1. Problème du financement des retraites - **2.** Formation de chercheurs pour l'industrie - **3.** Contre la publicité - **4.** Transfert de HEC hors de Paris.

■ 3 - Analysez les procédés utilisés.

1. Tirer une conclusion et proposer des mesures à prendre. - **2.** Reprendre l'idée directrice. Proposer une ligne de conduite. - **3.** Reprendre l'idée directrice et proposer une ligne de conduite.

Grammaire

L'expression de la cause   pages 132 - 133

■ 1 - Complétez ces commentaires sur le malaise dans les prisons.

1. Parce que - **2.** parce que - **3.** étant donné que / vu que / puisque - **4.** comme - **5.** puisque / étant donné que / attendu que - **6.** parce que.

■ 2 - « Parce que » ou « puisque » ?

1. Puisque - **2.** puisque - **3.** puisque - **4.** parce que - **5.** parce que - **6.** puisque.

■ 3 - Complétez ces phrases.

1. soit que... soit que - **2.** non qu'elles... - **3.** en raison / à cause - **4.** à cause de la... - **5.** pour.

■ 4 - Dites-le autrement.

1. *C'est parce que Jean-Paul Sartre a apporté son aide que* Libération *est apparu en 1973.* - Libération *est apparu parce que Jean-Paul Sartre a apporté son aide.*
2. *Étant donné que l'écriture de presse était inspirée du langage diplomatique, elle était très académique.* - *C'est parce que l'écriture...*

3. *Il fallait trouver un autre style parce que le type de communication avait changé. - Étant donné le changement du type de communication, il fallait...*
4. *C'est parce que le journal était différent qu'il a intéressé les lecteurs. - Les lecteurs se sont d'autant plus intéressés au journal qu'il était différent.*

10 Stratégies de conversation

Recentrer la conversation, changer de sujet
page 134

■ 2 - Quels énoncés ?

a. Recentrer la discussion : 1 - 2 - 5 - 6 - 8.
b. Changer de sujet : 3 - 4 - 7.

ESPACE SOCIÉTÉ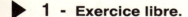

Les Français face à leur télé page 136

▶ **1 - Exercice libre.**

▶ **2 - Faites une enquête.**

Chaque étudiant travaillera individuellement au préalable pendant 15 minutes et proposera ses cinq questions et ses formulations à la classe. Deux étudiants rédigeront au tableau les questions sous leur forme définitive. Les étudiants répondront au questionnaire par écrit. Au cours d'un tour de table, les réponses seront confrontées et discutées et on pourra faire une synthèse, orale puis écrite, des résultats.

Questions possibles :
1. *Est-ce que vous pensez qu'on devrait créer des chaînes spécialisées (uniquement pour les enfants ou les personnes âgées, une chaîne musicale, une chaîne de films...) ?*
2. *Est-ce que vous avez déjà écrit ou téléphoné à une chaîne de télévision pour dire ce que vous pensiez des programmes ?*
3. *Est-ce que vous aimeriez avoir le câble ? Pourquoi ?*
4. *Êtes-vous pour la privatisation totale de la télévision ?*
5. *Si oui, êtes-vous pour la publicité comme moyen de financement ? Voyez-vous d'autres moyens ?*
6. *Que pensez-vous que l'Europe va apporter à la télévision ?*
7. *La liberté d'information peut-elle exister ?*
8. *La télévision doit-elle être ou peut-elle être un moyen d'apprentissage ?*

Des personnalités jugent la télévision pages 136 - 137

▶ **3 - Qu'ont-ils à dire ?**

a. Jean-Claude Carrière
- ne le dit pas ; les émissions culturelles, on peut supposer ;
- les émissions « grand public » aux heures de grande écoute ;
- il y en a de moins en moins ;
- mauvaise ;
- un « vrai service public », des émissions culturelles, scientifiques et pédagogiques ;

11

RÉGLEZ VOS ANTENNES

105

- que les chaînes se démarquent les unes des autres et que la télé remplisse mieux son rôle de service public.

b. Alain Giresse
- les actualités, les reportages d'aventure et le sport ;
- les coupures publicitaires et certaines émissions de jeu ;
- n'en parle pas sauf pour dire que Canal + (*) a changé la qualité des reportages ;
- n'en parle pas ;
- pouvoir énorme, formidable force de persuasion ;
- des émissions-débat sur les grandes questions humanitaires, et pour servir les grandes causes.

c. Catherine Feunteun
- n'en parle pas ;
- certaines émissions du genre « Sacrée soirée » (émission de variétés) ou « le Théâtre de Bouvard » (sketches comiques de qualité très inégale diffusés à une heure de grande écoute) ;
- la télé s'uniformise ;
- médiocre, se nivelle par le bas ;
- distraire et cultiver ;
- que les chaînes publiques fassent des émissions de qualité, de bonnes émissions de divertissement.

d. Odile Jacob
- les émissions importantes pour sa profession d'éditrice ;
- les émissions qui courent après l'audience ;
- n'en parle pas ;
- n'en parle pas ;
- la télévision publique doit informer, éduquer, distraire, cultiver ;
- que le PAF mette l'accent sur l'éducation et la culture.

e. Fanny Ardant
- les films qu'elle n'a pas vu en salle, « Apostrophes » (émission littéraire célèbre de Bernard Pivot qui a pris fin en 1989) ;
- n'en parle pas ;
- n'en parle pas ;
- plutôt basse (elle joue le rôle d'une session de rattrapage mais n'apporte rien de nouveau) ;
- n'en parle pas ;
- un directeur des programmes passionné qui s'écarterait de la routine.

---

* Canal + : chaîne payante (tarif : 160 francs par mois) qui diffuse surtout des films, du sport et des documentaires.

▶ 4 - Des critiques constructives ?

Chaque étudiant choisira un témoignage. Le professeur lira à la classe les trois résumés les plus pertinents, ce qui permettra de répondre oralement aux questions 2 et 3.

1. Ils trouvent la télévision trop pauvre, manquant d'originalité, toutes les chaînes diffusent à peu près les mêmes programmes. Ils réclament des émissions plus culturelles sans pour autant qu'elles soient ennuyeuses.

2. Une amélioration du niveau des programmes. Que les bonnes émissions ne soient pas reléguées après 23 heures. Que le service public se distingue des chaînes commerciales en ne courant pas uniquement après l'audience.

3. Réponse libre.

5 - Exercice libre.

Les réponses seront préparées individuellement par écrit. Les cinq formules devront être employées au service de cinq arguments différents. Chaque étudiant fera part de deux ou trois critiques ou de ses souhaits.

▶ 6 - La télé, c'est utile !

Nadine pense que la télé n'est pas si mal que ça.
Roger trouve qu'avec la télé les enfants vous laissent tranquilles et que c'est le repos du guerrier*.
Pour Antoine, la télévision c'est une distraction et une compagnie indispensable à la maison.
Coralie trouve qu'avec la télé on passe plus de temps en famille et qu'elle sert de gardienne d'enfants le dimanche matin.

---

* *La Roue de la fortune :* voir **Index Culturel**.
* Le repos du guerrier : le repos après une journée de travail et de stress.

7 - Exercice libre.

La mise en commun des réflexions élaborées lors des activités précédentes (notamment 4, 5 et 6) permettra à des équipes de deux de rédiger la lettre demandée. Sans entrer dans le détail des chaînes, on pourra choisir d'adresser cette lettre soit à une chaîne publique (A2, FR3, la Sept), soit à une chaîne privée (TF1, C+, la 5, M6).

Programme de télévision   page 138

1 et 2 - Exercices libres.

L'activité de repérage peut constituer une préparation au jeu de rôle : c'est après avoir étudié et caractérisé les différentes chaînes que notre nouveau directeur proposera les modifications et pourra les justifier aux yeux de ses collaborateurs.

11

Ces modifications seront élaborées par des groupes et proposées à l'ensemble de la classe qui pourra évaluer les équipes selon trois critères :
- celle qui a le mieux analysé et critiqué les programmes existants,
- celle qui a formulé les idées et les propositions les plus originales ou fantaisistes (les créatifs),
- celle qui a formulé les propositions les plus réalistes : prise en compte des goûts du téléspectateur moyen, des horaires de grande audience, de l'audimat, des annonceurs...

10 raisons pour ne pas avoir la télé
page 139

▶ **3 -** C'est sérieux !

Ce dessin peut être interprété comme montrant des personnes sous l'influence de la TV 24 heures sur 24, y compris dans leur vie relationnelle et leurs rapports sociaux. Cette mise en scène montre des individus retranchés dans un monde d'images et de sons, qui ne communiquent entre eux que pour vérifier la bonne qualité de leurs branchements. Fin de la convivialité. On pense évidemment au phénomène du baladeur (*walkman*).

▶ **4 -** Qu'est-ce qu'ils ne supportent pas ?

- Le témoignage n° 4 ne fait pas directement référence au sondage de *Télérama* (page 139). On incitera donc les étudiants à le reformuler en une ou deux phrases.

1. 1.3. - 2.2. - 3.5. - 4.0. - 5.2. - 6.6. - 7.1. - 8.6. - 9.6. - 10.8.

2. Réponses possibles :

> J'ai choisi de ne pas avoir la télévision parce que je trouve que le niveau moyen des émissions est très bas. Il n'y a plus de vie de famille possible. Je trouve que la redevance est très chère et je préfère investir mon argent ailleurs...

> Il y a d'autres sujets de conversation dans la vie qu'une émission, souvent mauvaise, de télévision. Mes enfants font beaucoup de sorties entre copains et parlent des films qu'ils voient, des magazines qu'ils font circuler entre eux... Ce ne sont pas les discussions qui manquent à la maison !

▶ **5 -** Répondez à l'enquête.

Cette enquête peut être menée d'abord à l'écrit. Le professeur relèvera les réponses des étudiants. Puis pendant 20 minutes, on partagera la classe en deux : les enquêteurs et les enquêtés. Les premiers interrogeront les seconds et

108

prendront leurs réponses données oralement en note.
On donnera cinq minutes aux enquêteurs pour relire leurs notes et exposer leurs résultats à l'ensemble du groupe. Les enquêtés rectifieront si leurs réponses ont été déformées ou mal comprises.

▶ **6 - Y a-t-il des points communs ?**

11

Ce travail, individuel, pourra s'appuyer sur une grille de programmes préalablement découpée dans un magazine télévisuel du pays. On pourra utiliser la grille française de la page 138 pour amorcer une comparaison. Celle-ci prendra également appui sur les différents témoignages écoutés et lus tout au long du dossier. On pourra proposer le plan suivant :
- présentation succincte de la TV du pays de l'étudiant,
- comparaison des deux grilles (si c'est possible),
- opinions de l'étudiant sur la TV de son pays et sur la TV en général,
- questions sur la TV française.

La radio
page 140

▶ **1 - Trouvez des raisons.**

Réponses possibles :
Ceux qui écoutent le plus longtemps ; ceux qui regardent la télé écoutent le plus la radio (cumulent).
- les plus âgés parce qu'ils ne sortent pas beaucoup de chez eux. Parce que c'est ce qu'ils écoutaient quand ils étaient jeunes. Ce sont eux qui écoutent le plus de musique classique à la radio ;
- les moins instruits parce qu'à la radio il y a beaucoup de musique de variétés, de jeux, de publicité et ils écoutent un peu de tout ;
- les petits patrons parce qu'ils travaillent dans leur atelier ou leur boutique et peuvent faire un usage polyvalent de la radio. Leur durée d'écoute est la plus longue ; ils laissent la radio allumée toute la journée en général ;
- les femmes au foyer parce qu'elles restent chez elles et peuvent écouter la radio en faisant le ménage, la cuisine... ce qui n'est pas vrai pour la télévision. Usage polyvalent : on écoute un peu tout (20 heures d'écoute ou de fond sonore hebdomadaire en moyenne) ;
- les 15-19 ans l'utilisent souvent mais moins longtemps que les adultes, d'abord pour sa fonction musicale ;
- les travailleurs à domicile.

Ceux qui écoutent le moins :
- les hommes parce qu'ils travaillent à l'extérieur ;
- les plus jeunes parce qu'ils préfèrent la télévision. Les 15/19 ans écoutent néanmoins souvent de la musique à la radio ;
- les plus instruits parce qu'ils sélectionnent beaucoup plus les émissions. Leur

109

durée d'écoute est plus courte, ils privilégient l'information (moins de dix heures d'écoute hebdomadaire);
- les étudiants parce qu'ils n'ont pas le temps entre les cours, la bibliothèque, le travail qu'ils doivent faire chez eux et leurs nombreuses sorties liées au mode de vie étudiant.

11

▶ 2 - Est-ce que vous écoutez souvent la radio ?

On pourra faire ajouter des questions à celles proposées dans cet exercice et poursuivre l'enquête.

▶ 3 - Caractérisez les deux stations.

	RTL	France-Inter
Pourcentage d'audience	• 19%	• —
Privée ou publique	• privée	• publique
Style	• chaleur et conviavilité • interactivité	• chaîne de qualité • se modernise et se rajeunit
Point forts ou ambitions	• une tradition orale dont le secret est bien gardé	• pas de censure • pas de contraintes commerciales : n'obéit pas à la loi de l'audimat.

▶ 4 - Comment fonctionnent ces deux stations ?

1. Une radio où il y a échange, dialogue avec le public. Connaître les goûts des auditeurs et répondre à leurs demandes. - **2.** Les directeurs de radio sont obsédés par le pourcentage d'audience et changent ou choisissent leur programme en fonction de ce pourcentage. - **3.** Augmenter la qualité, l'intérêt, la variété, la nouveauté pour rompre avec la monotonie. - **4.** Réponse libre.

▶ 5 - Parlons des radios.

1. *Certaines... d'autres...* **2.** *Personne... chaque...* - **3.** *Chacun...* - **4.** *Plusieurs. .. diverses...* - **5.** *quelque chose... n'importe quelle...*

ESPACE LANGUE

Production de textes

11

Évaluer son texte (1)

page 142

■ 1 - Ne perdez plus vos cheveux!

Texte possible:

> Avant d'utiliser Dugommel, je perdais mes cheveux. J'avais le front dégarni et mes copains m'appelaient « l'intello » ! Depuis que j'ai découvert ce shampoing, mes cheveux ont repoussé et respirent la santé. Ils sont lisses et brillants et mes amis ne me reconnaissent plus.
> Alors faites comme moi. Utilisez Dugommel parce que c'est doux, c'est bon, c'est naturel... et reprenez confiance !

■ 2 - Sera-t-il entendu?

Les trois questions posées (*croyez-vous que*) doivent orienter l'étudiant vers les critiques principales à faire à cette lettre du point de vue de son efficacité.
Le ton de la lettre est soit comminatoire et insolent (*et pas question de me faire travailler...*), soit impersonnel et officiel (*je vous serais reconnaissant...*) et n'est pas du tout adapté aux destinataires.
Les arguments (*emmener sa petite amie dans de bons restaurants...*) ne sont pas de nature à être acceptés par les parents !
L'intention est nette mais maladroitement exposée.
Après l'avoir critiquée, les étudiants essaieront de réécrire cette lettre afin que Jérôme puisse espérer obtenir une augmentation de son allocation...

Grammaire

Éviter de nommer ou de préciser

pages 144 - 145

■ 1 - Relevez les pronoms indéfinis.

Certains - les uns - d'autres - n'importe quel - toute - aucune - quel qu'il soit - tous - la plupart - tous - quelque chose - rien de tel - n'importe qui.

111

■ 2 - Que disent les personnes interrogées?

1. *... quelque chose d'intéressant.* - **2.** *... aucune d'excellente.* - **3.** *... personne d'enthousiasmé...* - **4.** *... quelqu'un de branché...* - **5.** *... aucune de vraiment originale.*

■ 3 - Complétez les phrases avec « autre » précédé d'un déterminant.

1. *... d'autre* - **2.** *... d'autres* - **3.** *... une autre* - **4.** *... d'autre* - **5.** *... d'autres* - **6.** *... d'autres* - **7.** *... qui d'autre* - **8.** *... vous autres.*

■ 4 - Quelles questions a-t-on posées?

Questions possibles :
1. *Qu'est-ce que vous regardez (ou écoutez)?* - **2.** *Qu'est-ce que vous attendez de la télévision?* - **3.** *Quelles émissions vous intéressent?* - **4.** *Que font vos amis?* - **5.** *Vous changez souvent de chaîne?* - **6.** *Qu'est-ce que vos enfants regardent?* -

■ 5 - Quel est l'agent?

1. Spécialistes de l'audimat dans chacune des chaînes - **2.** Responsable des programmes - **3.** Le Conseil supérieur de l'audio-visuel (CSA) - **4.** Directeurs de chaînes et responsables des programmes - **5.** Spécialistes pour suivre l'évolution des goûts du public.

■ 6 - Que diriez-vous?

Réponses possibles :
1. Il faut que les chaînes se fassent concurrence. - **2.** Il est indispensable que la place de la publicité diminue à la télévision. - **3.** Il est urgent qu'il y ait une réglementation contre la violence. - **4.** Il est nécessaire qu'on évalue les pourcentages d'écoute. - **5.** Il est urgent d'améliorer les programmes.

ESPACE SOCIÉTÉ

Ve République   page 148   12

 1 - Comment le discours est-il organisé ?

1. « Constitution ».
2. Introduire le thème, situer le projet, souligner son actualité et son importance.
3. « ,,, qu'a été établi le projet de Constitution ».
4. Elle s'adresse directement aux Français. Le ton est personnel. Il utilise « je » et « mon » : il parle en son nom alors qu'auparavant on avait le « nous » ou le « il » impersonnel.

 2 - Où veut-il en venir ?

1. Le rôle d'arbitre national, au-dessus des partis, élu par tous les citoyens, au suffrage universel.
2. Qu'il se consacre entièrement à sa tâche et ne fasse pas de politique.
3. *Pour que,* et aussi *Je souhaite que* et même *Je veux que...*
4. Que le Président n'était pas l'élu de tous les citoyens, que le gouvernement faisait de la politique au lieu de gérer le pays, que le parlement passait son temps à renverser le gouvernement, au lieu de se contenter d'étudier et de voter des lois (à replacer dans le contexte de l'époque !).

3 - Que révèlent ces caricatures ?

Les images que ces quatres politiciens donnent aux médias :
1. Le Sphynx.
2. Le Français moyen.
3. Le Penseur contrarié.
4. Le bon vivant épanoui.

Ces caricatures soulignent un aspect de l'image de marque de ces quatre hommes politiques français.
1. L'homme de culture au langage parfois énigmatique / le maître à penser.
2. Il défend une certaine image de la France (valeurs traditionnelles).
3. Il est contrarié par ses alliés du RPR (Chirac), intellectuel (grand front, crâne chauve) et lettré.
4. Il incarne le bon sens, les valeurs sûres, la rondeur et la bonhommie.

De gauche à droite

page 149

12

▶ **4 - Comment votent les électeurs ?**

1. ... *pour que* / *afin que* - **2.** ... *pour* / *afin de* - **3.** *pour* / *afin de* - **4.** *pour que* / *afin que* - **5.** *pour* / *afin de* - **6.** *pour* / *afin de.*

▶ **5 - Quel est votre point de vue ?**

1. Réponses possibles :

Gauche	Droite
État-providence	Propriété
Égalité	Droits des individus
Solidarité	Économie libérale
Protection sociale	Patrie
Justice sociale	Ordre
Tolérance	Religion
Liberté	Hiérarchie
Réformes	Changement
Nationalisations	Nationalisme

On pourra également utiliser le schéma suivant qui ménage une partie commune, le « centre », pour des valeurs que l'on peut attribuer au centre-gauche ou à la droite modérée.

Gauche	Centre	Droite
Justice sociale	Économie libérale	Propriété
Protection sociale	Réformes	Hiérarchie
Égalité	Droits des individus	Patrie
État-providence	Liberté	Nationalisme
Nationalisations		
Changement		
Solidarité		

Certains mots sont utilisés dans les deux tendances (à gauche et à droite). Ils revêtent des significations et des valeurs différentes : on demandera donc aux étudiants de définir ces différentes notions.
a. Selon la perception qu'ils en ont (définitions liées à leur expérience et à leurs opinions personnelles).
b. Selon la signification qu'elles ont dans le contexte social et politique français.

● Par exemple, les notions de *justice* et de *protection sociale* sont à relier à deux événements historiques : le Front populaire de 1936 et le gouvernement formé par le général de Gaulle après la Seconde Guerre mondiale, gouvernement d'union nationale auquel participaient des ministres communistes. C'est à ce moment-là qu'une politique de protection sociale fut mise en œuvre.

114

• *L'État providence* désigne la politique sociale mise en œuvre par un gouvernement pour venir en aide aux plus défavorisés. Le terme provient du « welfare system » instauré aux USA, pendant la crise de 1929. Le risque est qu'il devienne *l'État assistance* : les Français, d'après la droite, perdraient tout esprit d'initiative et de responsabilité.

• *Tolérance* est à relier aux débats sur l'immigration et aux difficultés de cohabitation entre communautés françaises et étrangères, maghrébines surtout. Il a même été question d'un « seuil de tolérance » au-delà duquel la cohabitation devenait impossible.

• *Solidarité* : pour la gauche et l'extrême gauche, solidarité entre prolétaires (dans la tradition marxiste-léniniste) ; entre Français et immigrés (mouvement anti-racistes) ; avec le Tiers-monde et avec les défavorisés (mouvements humanitaires). L'exemple type d'une solidarité active de cet ordre est donné par les Restaurants du Cœur. Il faut noter en contre-point l'effort de solidarité de l'Église catholique (Secours catholique, l'abbé Pierre, etc.), en faveur des déshérités. L'effort de solidarité sur le terrain n'étant l'apanage d'aucun parti.

• *Liberté-Égalité* : valeurs héritées de la Révolution de 89.

• *Égalité* : un thème récurrent à gauche. Égalité des chances à l'école, des droits entre Français et immigrés, des salaires entre hommes et femmes.

• *Liberté* : consensus idéologique de la gauche et de la droite sur la liberté d'expression et d'opinion et sur les libertés individuelles. C'est aussi, pour la droite, le droit à la libre entreprise et le rejet de la main-mise de l'État sur le secteur économique.

• *Nationalisations* : le parti communiste voulait aller beaucoup plus loin que les socialistes et cela a été une des causes de rupture de l'« Union de la gauche ». Elles sont évidemment combattues par la droite et sont plutôt mal vues par les Français (cf. article de Max Gallo, 3e paragraphe, page 152).

• *Réformes* : opposition entre partis révolutionnaires qui prônent un changement radical des structures sociales et partis réformistes qui proposent de modifier les structures sans les remettre fondamentalement en question.

• *Droits des individus* : l'accent est mis sur l'individualisme.
Il ne s'agit plus seulement des droits fondamentaux de la personne humaine, mais également de droits liés au développement de l'individu dans la société occidentale : loisirs, santé, équilibre, épanouissement personnel...

2. Créez un slogan : activité libre.
Par exemple :
> *La liberté n'est pas un vain mot : avec le libéralisme nous nous donnons les moyens d'avancer.*

L'engagement

pages 150 - 151

12

▶ 1 - Qui étaient-ils ?

a. C'étaient des intellectuels, des écrivains, des philosophes. - **b.** Au milieu du XXᵉ siècle. - **c.** L'engagement et la réflexion politique.

▶ 2 - De quoi s'agit-il ?

1. Réponses libres.
2. *Nous / nôtre* : les intellectuels, les écrivains (1er paragraphe) ;
Nous : J.-P. Sartre et Simone de Beauvoir (3e paragraphe) ;
3. La dernière phrase du 1er paragraphe : *Peu d'intellectuels... nous devions assurer la relève.*

▶ 3 - Que nous apprend le texte ?

1. Ils devaient « s'engager » politiquement. - **2.** En 1939 il était « guéri » du socialisme, mais deux ans plus tard il créait un groupe de résistance en employant le mot socialisme.

▶ 4 - Comment la définir ?

Deux orientations apparaîtront peut-être dans les définitions proposées par les étudiants :
- dans le sens de « la vie de la cité » à laquelle contribue l'ensemble des citoyens qui se préoccupent des formes de participation à la vie démocratique, aux notions de droit et de devoir politique, aux problèmes de l'éducation...
- dans le sens de « une affaire de spécialistes », ce qu'on appelle « la politique politicienne » mise en scène par les médias et qui semble entraîner actuellement un désintérêt pour les questions politiques et la diminution sensible du taux de participation aux élections...

▶ 5 - Les intellectuels et la politique.

Chaque étudiant notera des éléments de définition et des exemples de personnalités représentatives, à ses yeux, de ce qu'est « un intellectuel » ayant joué un rôle intéressant dans son pays.
Le groupe d'animation du débat (3 personnes) devra préparer celui-ci en se documentant sur des figures d'intellectuels et en indiquant en quoi ils ont participé à une réflexion sur la société et la culture de leur temps : quelles formes de participation, d'engagement ont été les leurs ? Quels ont été leurs apports, leurs productions ?

116

▶ **6 - Qui détient le pouvoir ?**

Le document « L'organisation des pouvoirs » provient du *Guide France* (Hachette) qui pourra être utilement consulté sur tous ces problèmes.

▶ **7 - Opinion-discussion : comparez les résultats...**

On pourra commenter le déclin du PCF en évoquant les raisons suivantes :
- *internes* :
  • contestation visant à changer la structure interne et le fonctionnement anti-démocratique au sommet ;
  • incapacité pour les intellectuels de mener un vrai débat à cause de la crise structurelle : beaucoup choisissent de démissionner du parti ;
  • manque de crédibilité d'un secrétaire général (Georges Marchais) sous l'influence de l'Union soviétique, et qui ne s'est jamais élevé contre les pays de l'Est.
- *externes* :
  • désaffection générale pour une idéologie dépassée ; montée en puissance, en Europe, de la social-démocratie ;
  échec du communisme dans les pays de l'Est.

Portrait-robot du Français de gauche
pages 152 - 153

Max Gallo : quand la gauche s'installe

▶ **1 - Ces mots ont-ils partout le même sens ?**

Choix des mots :
Les étudiants pourront choisir soit les cinq mots préférés par les Français de gauche : *justice, liberté, égalité, droits de l'homme, tolérance*, soit les cinq mots préférés par l'ensemble des Français : *justice, liberté, sécurité, égalité, droits de l'homme*.

▶ **2 - Rétablissez la logique.**

1. Comme les Français sont devenus pantouflards, ils craignent les risques du changement. - **2.** L'État est devenu simplement autoroutier au point qu'il ne se préoccupe que de faciliter la circulation. - **3.** Les droits acquis et la liberté individuelle ont une telle importance à leurs yeux qu'ils ne veulent pas les remettre en cause. - **4.** Le Français a une telle crainte pour sa sécurité qu'il serait plutôt favorable au rétablissement de la peine de mort. - **5.** Le Français est hédoniste au point de ne pas apprécier le mot « effort ». - **6.** La gauche est tellement pantouflarde qu'elle s'est banalisée.

117

▶ 3 - Quelles questions a-t-on posées ?

Questions possibles :
1. Quels sont les mots clés les plus importants pour vous ? - **2.** Si on devait réduire des dépenses importantes, quel domaine choisiriez-vous ? - **3.** Êtes-vous pour ou contre le vote des immigrés ? La construction de mosquées ? - **4.** Que pensez-vous du port du voile islamique dans les écoles ? - **5.** L'État doit-il intervenir dans la vie économique ? - **6.** Quelles sont les valeurs aux-quelles vous tenez le plus ? - **7.** Le Français doit-il faire des efforts ? Doit-il être compétitif ? - **8.** Doit-on apporter des réformes dans la société ? etc...
Les étudiants réfléchiront à l'influence qu'exerce la formulation d'une question de sondage sur la réponse du sondé en jouant sur la question 9 par exemple :
- Peut-on apporter... - Doit-on apporter... - Faut-il apporter... - Est-il bon d'apporter...

ESPACE LANGUE

Production de textes

Évaluer son texte (2)   page 154

■ 1 - Agencez-le.

Réécriture possible :
> *Elle vient juste de sortir du conservatoire (et pourtant) on l'a déjà vue au cinéma et à la télévision. Elle a déjà travaillé avec de grands metteurs en scène. Elle sait garder assez d'innocence et de culot pour jouer les rôles les plus importants du répertoire. A partir du 25 septembre, elle sera Agnès de l'École des femmes. « Quel rapport avec la jeunesse actuelle ? Agnès est une jeune fille moderne du fait qu'on la joue encore aujour-d'hui », répond-elle du tac au tac.*

■ 2 - Croyez-vous que ce texte fera vendre ?

Réécriture possible :
> *Vous ne serez jamais en retard avec la montre Stop : c'est un spécialiste de l'horlogerie de précision qui l'a spécialement conçue pour vous ! Discrète, elle convient aussi bien aux femmes qu'aux hommes et son prix est à la portée de toutes les bourses : 130 francs.*

■ 3 - Choisiriez-vous ce restaurant ?

Réécriture possible :
> Chaque soir, l'ambiance est extraordinaire ! Le service est parfait et le chef assure pour 200 francs un dîner délicieux. Enfin un restaurant qui fait moins cher pour ses dîners que pour ses déjeuners ! Et le chef sait donner des ailes à une crème de légumes glacés aussi bien qu'à une brochette d'agneau.
> De plus, le décor est charmant : des meubles de goût et des brassées de fleurs naturelles. Je ne vois pas pourquoi aller chercher ailleurs un dîner d'avant ou d'après spectacle.

■ 4 - Le texte à la gloire d'Airbus.

Réécriture possible :
> Tiens, voilà qu'on s'arrache Airbus ! American West et Swissair viennent de commander 150 Airbus A320. Le dernier-né d'Airbus émerge victorieusement de la puissante concurrence américaine.
> Ah, ça ne va pas faire plaisir aux pilotes syndiqués d'Air France qui ont fait plusieurs grèves pendant des mois pour le piloter à trois ! Mais tant pis !
> Trente-deux compagnies clientes, 643 commandes, de mémoire de constructeur on n'avait jamais vu ça : l'appareil n'est en service que depuis deux ans. Quelle trajectoire !

Grammaire

Exprimer la conséquence et le but

pages 156 - 157

■ 1 - Complétez les phrases suivantes.

1. si... qu'... - **2.** à tel point qu'... - **3.** tellement... qu'... - **4.** c'est pourquoi... - **5.** trop... pour... - **6.** si bien...

■ 2 - Quelles conséquences... ?

1. ... pour vouloir réduire les dépenses militaires et l'armement. - **2.** ... qu'ils veulent les défendre. - **3.** ... pour les laisser perdre. - **4.** ... pour ne souhaiter ni bouleversement fiscal ni politique de nationalisation. - **5.** ... qu'elle s'est banalisée et diluée. - **6.** ... que toutes les valeurs de la société sont « gauchies » (gauchies : déformées et aussi fortement influencées par la gauche).

■ 3 - Exprimez les observations suivantes sous forme de causes ou de conséquences.

1. L'impérialisme de certains États est si grand qu'il faut l'intervention des Nations-Unies. - **2.** Il y a beaucoup de peuples opprimés, c'est pourquoi il faut faire des conférences internationales sur les droits de l'homme. - **3.** C'est parce que l'équilibre des forces se transforme qu'il faut être prudent. - **4.** Les gens ont si peu confiance dans les politiciens qu'ils votent de moins en moins. - **5.** L'économie est si puissante que ce sont les financiers qui dirigent le monde.

■ 4 - Quel était le but ?

1. ... se moquer d'eux. - **2.** ... pour soutenir l'action de Valéry Giscard d'Estaing. - **3.** ... l'intolérance s'installe. - **4.** ... pour influencer le pouvoir. - **5.** ... pour être protégés. - **6.** ... pour soutenir leurs candidats.

Feuilleton Radio

Une femme, un homme   page 159

Se reporter aux activités proposées pour les quatre premiers épisodes.

■ - Lexique

Huitième épisode
Réserver deux couverts : retenir deux places dans un restaurant.
Être vieux jeu : être démodé, avoir des idées anciennes, rétrogrades.
Ex : ancien (mari, femme, ami(e)...).
Créneau : place ou temps disponible.

Neuvième épisode
Jean-Paul Rappeneau : metteur en scène du film *Cyrano de Bergerac.*
Micro-trottoir : interview de gens pris au hasard dans la rue.
Rigoler (fam.) : (faire) rire.
Déraciner : arracher, enlever ce qui tient au sol. Par extension, arracher de son pays, de son milieu social.

Dixième épisode
Attirer la foudre : provoquer la colère.
Cataracte : maladie des yeux (cristallin).
Décollement de rétine : maladie des yeux.
À l'improviste : sans prévenir, de façon inattendue.
Dans le coin : dans le quartier.
Préavis : période légale de travail que doit un employé après avoir donné sa démission.
Avoir un boulot fou : avoir beaucoup de travail.

ESPACE SOCIÉTÉ

Où en est-on ?
Un dossier brûlant

page 164

13

FRANCE, TERRE D'ACCUEIL ?

La population française : une composition multiculturelle.
Voir au dossier 2 : le mannequin métis de Jean-Paul Goude ; - page 21, celui de Jean-Paul Lacroix (à mettre en rapport avec le texte de la page 182 : « Avec les mannequins, on en voit de toutes les couleurs » ; - page 23 : la photo des athlètes.

- au dossier 9 : les enfants des écoles maternelles,
- au dossier 13, page 163 : le mouvement antiraciste et le brassage des cultures ;
- page 164 : vivre et travailler en France (à rapprocher du texte de Tahar Ben Jelloun, page 171) ; - page 168 et 181 : possibilité d'exercer son métier et d'être un homme public (homme politique, homme de théâtre).

Contextualisation de l'interview de Djamel
Éthymologie empirique d'un mot apparu récemment dans la langue française : on suppose que le terme « Beur » aurait été construit à partir de l'injure arabe raciste « reub ». Les jeunes de la seconde génération, banlieusards des grandes villes, parlent le verlan. Ils ont donc retourné le mot « reub » en « beur » pour se désigner.

En 1984, divers mouvements de jeunes organisent une manifestation nationale avec SOS Racisme, « Convergence pour l'égalité ». De tous les coins de France démarrent des jeunes en mobylette convergeant vers Paris, d'où le slogan : « La France c'est comme une mobylette : pour que ça avance, il faut du *mélange* » (mélange interculturel et aussi carburant pour la mobylette).
Les jeunes revendiquaient leur intégration à la société française et dénonçaient toutes les formes d'exclusion.
En 1987 le groupe « Carte de Séjour », formé de quatre musiciens beurs, chante le « tube » de Charles Trénet. On fera écouter la chanson *Douce France* en proposant les activités suivantes :

1. Écoute - Fermez les yeux et écoutez la chanson : à quoi pensez-vous ? (voir *Cahier d'exercices*).

2. Confrontez vos associations d'idées : quel est l'univers créé par cette chanson ?
- ancien ou moderne ?
- villageois ou citadin ?
- paisible ou violent ?
- « chaud » ou « froid » ?
- monoculturel ou pluriculturel ? (Écoutez bien et repérez les différents instruments).

121

13

La musique qu'interprètent (en 87) les musiciens de « Carte de Séjour » est une musique de « fusion » caractéristique des années 90 (cf. le phénomène de la « world music ») : on y retrouve des rythmes nord-africains, directement liés au phénomène du RAI, le « rock bédouin » des banlieues d'Oran et d'Alger, mais aussi une tonalité qui fait penser aux bals musette.

Si l'on dispose de la chanson *Douce France* dans sa version originale interprétée par Charles Trénet, on pourra demander aux élèves de comparer les deux versions : instrumentation, atmosphère et message.

3. Le couplet ajouté par le groupe « Carte de Séjour ».

> *J'ai connu des paysages*
> *Et des soleils merveilleux*
> *Au cours de lointains voyages*
> *Tout là-bas sous d'autres cieux.*
> *Mais combien je leur préfère*
> *Mon ciel bleu, mon horizon*
> *Ma grand'route et ma rivière,*
> *Ma prairie et ma maison.*

On pourra :
a. Repérer les anaphores pronominales (références internes) et se demander : qui est ce JE et pourquoi s'approprie-t-il de façon aussi insistante le ciel, l'horizon, la route, la rivière... JE : collectif. Englobe tous ceux qui, de parents étrangers, veulent s'intégrer et vivre en France.
b. Repérer les articles indéfinis et se demander quelle est leur valeur descriptive : caractère général, sorte d'image mentale. Ils s'opposent en cela aux possessifs du deuxième quatrain.
c. Se demander quel effet produit cette opposition entre :
- un « ailleurs » qui est vaguement et globalement décrit et un « ici » décrit en détails et qu'on possède entièrement ;
- un passé que l'on a connu (l'ailleurs = le passé) et un présent que l'on « préfère ».
Ce couplet marque une forte revendication d'une identité française.

Activité d'expression orale (possible) :
Vous animez une émission de radio consacrée à la chanson française. Vous présentez le groupe « Carte de Séjour » (en le replaçant dans le contexte socio-culturel français).

Vers l'intégration des immigrés ? page 165

▶ **1 - Qui est Djamel ?**

1. Un fils d'immigrés algériens. Il est né à Paris. Il vit à Grenoble. - **2.** Au moins depuis la naissance de Djamel. Depuis plus de 15 ans, ils ne sont pas intégrés. Leur mode de vie est resté très influencé par leur culture d'origine. - **3.** Il veut vivre en France, à la française.

2 - Quels sont ses problèmes ?

Réponses possibles :
1. Il appartient à la communauté des « humains ». Il ne se sent ni Algérien ni Français. - **2.** Il veut s'intégrer à la communauté française tout en respectant la culture de ses parents. - **3.** Pour montrer sa solidarité avec tous les immigrés dans leur lutte pour l'égalité des droits. - **4.** Djamel cherche d'abord l'intégration sociale : étudier, travailler, s'épanouir, être dans le mouvement. Le reste suivra... - **5.** En principe non. Les enfants de Djamel ne seront pas confrontés aux mêmes problèmes : leurs parents seront intégrés et eux-mêmes seront métissés culturellement, mais pas déchirés entre deux cultures.

 3 - Comment parle Djamel ?

Mots d'appui - Mots d'hésitation	Prononciation	Argumentation
ben, ah, ouais, euh, hein, Oh, bon, quoi	j'sais j'suis j'l'ai	*tu vois...*

2. Calme et déterminé.
3. Elle reprend ce qu'il dit (*intégration, à Paris ?*). Elle l'encourage à aller jusqu'au bout de ses pensées (*pas assimilation ? - c'est pas pareil ? - sans étiquette ?*).
4. Sympathie, connivence, compréhension que marquent les relances et l'intonation.

On pourra faire remarquer que la première partie de l'interview tourne autour de trois termes : égalité des droits, intégration, assimilation.
Le débat entre intégration et assimilation qu'essaye d'engager la journaliste ne se pose pas aux yeux de Djamel. Par contre, l'enjeu réel pour lui est bien de vivre et de s'épanouir dans une dynamique sociale et culturelle (« le mouvement »), en ayant les mêmes droits que les autres.
Le dialogue se déroule dans un registre familier de la part de l'interviewer (tutoiement, ton), dans un registre standard de la part de Djamel. La journaliste s'adresse à Djamel avec naturel et familiarité : son but est de supprimer toute distance et de le faire témoigner.
Djamel parle devant un magnétophone, ce qui est intimidant, et il sait qu'il sera entendu par d'autres personnes : il exerce donc un contrôle sur son langage. Remarquer l'émotion avec laquelle Djamel parle de sa rupture culturelle avec ses parents.
La relation entre les deux interlocuteurs peut être qualifiée de complice sur le plan culturel : ils partagent les mêmes codes, comme le montre la réplique : « Je me sens simplement humain, tu vois, c'est tout... » dans laquelle Djamel passe au « tu ».
Sur le plan de l'interaction, le dialogue est véritablement coproduit : c'est-à-dire pris en charge par les deux partenaires qui tentent ensemble de définir les trois termes : égalité des droits, intégration et assimilation.

▶ **4** et **5** - **Exercices libres.**

13 La manifestation antiraciste de Paris
page 166

L'expression « un an après le mouvement étudiant » fait référence au mouvement étudiant de l'hiver 86.
Un an après ces événements, le journaliste du *Monde* met en garde contre les effets de récupération politique du mouvement étudiant antiraciste par les différentes organisations appelant à la manifestation du 29 novembre 87.

▶ **1** - **Le poids des mots.**

1. Se reporter à l'index pour la définition des sigles.

2. Différence : *racisme - xénophobie - droit à la différence - étrangers.*
Égalité : *intégration - égalité des droits - citoyens comme les autres.*

▶ **2** - **Qu'en pensez-vous ?**

1. Dans le passé, les défenseurs des immigrés manifestaient pour le « droit à la différence ». Cette fois-ci, ils manifestent pour l'intégration.
2. Si on privilégie l'accession à la nationalité française des immigrés, la revendication du droit de vote pour les non-Français n'est plus prioritaire.

Le Beur de la rue Mouffetard
page 167

▶ **3** - **Mettez-les en parallèle.**

1. f. - **2.** e. - **3.** a. - **4.** g. - **5.** h. - **6.** b. - **7.** i. - **8.** c. - **9.** d. -

▶ **4** - **De quoi s'agit-il ?**

1. Parce que c'est un endroit très fréquenté, surtout le soir, et que les gens font souvent leurs courses tardivement. - **2.** Son cousin vient l'aider quelques heures. - **3.** Non. Il l'a repris en gérance. - **4.** Il a une clientèle très variée, du chiffonier au fêtard. - **5.** Il sait acheter. Il veut contenter toute sa clientèle. Il a déjà quintuplé son chiffre d'affaires.

▶ **5 - La vie d'un quartier de Paris.**

1. *Bouffer:* manger, se calque sur Mouffetard, le nom réel de cette rue du 5e arrondissement de Paris. - **2.** Pour gagner mieux sa vie. La concurrence des petits magasins avec les grandes surfaces est très dure. - **3.** C'est un quartier animé où se croisent toutes sortes de gens.

Il était une fois un Togolais   page 168

▶ **1 - Le profil de Kofi.**

1. Il est ingénieur et il est maire d'un village breton. Il s'occupe aussi bien des couveuses de poussins en panne que des permis de construire ou des parents d'élèves. Il rend visite aux enfants comme aux personnes âgées.
2. *Le grand Kofi - Kofi Yamgnane - Kofi l'exquis.*
Oui.
3. Il a fait ses études en France, il s'est marié avec une bretonne et travaille en Bretagne.
4. Il connaît tous les enfants et les vieux du village. Et surtout, il connaît aussi bien les problèmes de la terre que les ficelles de la vie administrative.

▶ **2 - Une intégration réussie.**

1. Parce que l'histoire de Kofi est exceptionnelle et ne semble pas appartenir au domaine du réel. - **2.** Les paysans des petits villages, bretons et autres, n'étaient pas réputés pour leur largesse d'esprit. Cet exemple prouve que le stéréotype n'est pas valable.

▶ **3 - Et si c'était un conte !**

On pourra rappeler que les éléments qui structurent le conte sont les suivants : *le héros - l'objet de la quête - le désir ou le manque - les obstacles - les alliés, les amis - les conseillers - les ennemis - les victoires et les défaites - la récompense.*
On invitera les étudiants à structurer leur récit autour de ces éléments. Ils utiliseront les temps du conte : le passé simple et l'imparfait.

Comment peut-on être français ? page 169

13

▶ 1 - Vrai ou faux ?

1. V - **2.** F - **3.** V - **4.** F - **5.** F - **6.** F.

▶ 2 - Comment est considéré l'étranger ?

1. ... *l'homme de passage - suppôt de l'étranger - persan - être de papier - exilés - immigrés - anciens étrangers.*
2. Au cours des siècles les étrangers ont été successivement des hôtes de passage dont on se méfiait, des personnes ayant un statut légal mais restant étrangers, des immigrés venus travailler en France, des immigrés qui s'intègrent à la société française et deviennent citoyens à part entière.
3. a. *se méfient - ostracisme - rejeté - nationalisme - racisme - mesures restrictives - rejet - exclusion.*
    b. *emprisonne - guillotine - complot - violence - crises xénophobes parfois meurtrières - virulente.*
    c. *cosmopolite - attire - (les) faire citoyens - accueillir - refuge.*

▶ 3 - Historique.

1. Six périodes : le Moyen Âge - l'Ère des Lumières - la Révolution française - la première moitié du XIXe siècle - les années 1860-1880 - aujourd'hui.
2. En définissant des critères de citoyenneté.
3. À partir des années 1860-1880. C'est la révolution industrielle et la France manque de main-d'œuvre.
4. Essentiellement africaine et maghrébine, issue des anciennes colonies françaises.

▶ 4 - Serait-elle d'accord ?

1. Non. - Expliquer, oui ; excuser, non ! - Non.

126

ESPACE FRANCOPHONIE ———————— page 171

> On pourra rechercher différentes manières d'être francophone dans les illustrations des pages «Espace francophonie» et les textes des écrivains francophones.
> On pourra également soumettre aux étudiants les thèmes suivants et leur demander d'indiquer les textes qui les illustrent: l'apprentissage et l'appropriation de la langue française, la négritude, le métissage, les rapports homme / femme, fils / père, les rapports sociaux, le sentiment d'appartenance à un peuple, francophonie et décolonisation culturelle, la condition de l'immigré, la dualité linguistique et culturelle.

13

ESPACE LANGUE ————————————————

Production de textes

La réécriture (1) page 170

■ 2 - Résumez les textes...

Réponses possibles:
1. Un jeune Beur, né de parents Maghrébins mais élevé en France, explique la difficulté d'être tiraillé entre deux cultures. Son choix est fait car il se sent intégré...
Titre possible: *Il est dur de choisir!* ou: *Dur est le choix!*

2. Un Beur a repris en gérance un magasin d'alimentation dans une rue populaire. Il a de quoi satisfaire tous les clients 24 heures sur 24. Son commerce prospère et tout semble aller bien pour lui.
Titre possible: *Un exemple à suivre.*

3. Un ingénieur noir est devenu maire d'un petit village de Bretagne et gère le village au mieux des intérêts de ses habitants.
Titre possible: *Une leçon d'intégration* ou *Une intégration réussie.*

4. Au cours des siècles les étrangers ont reçu en France des traitements très divers et la Révolution française n'a pas été la plus accueillante...
Titre possible: *L'immigration: point de vue historique.*

■ 2 - Créez un paragraphe.

On se reportera aux commentaires de statistiques déjà vus.
On retrouvera des formules de modalisation qui permettent au commentateur d'avancer des hypothèses sans pour autant les présenter comme des certitudes (voir p. 166 : « S.O.S.-Intégration » : selon les principaux organisateurs, des revendications paraissent parfois contradictoires...).
Réponse possible :

Un récent sondage réalisé par l'Institut de l'Enfant montre que les jeunes sont beaucoup plus ouverts aux autres qu'on pouvait le penser. La presque totalité des jeunes de 11 à 20 ans (89 %) déclarent qu'ils ne sont pas racistes. Plus des trois quarts d'entre eux acceptent une société multiraciale et les 9/10e ne seraient pas gênés que leur frère ou leur sœur épouse quelqu'un d'une autre race. Ces réponses sont certainement réconfortantes pour l'avenir car on a assisté, au cours des dernières années, à une montée du racisme exploité à des fins politiques...

■ 3 - Transformez l'information.

Réponse possible :

Savez-vous que le tabac coûte aussi cher aux familles françaises que le lait et les produits laitiers ou que le pain ?
C'est ce qui ressort d'une récente enquête de l'INSEE, l'Institut national de la statistique. Quand on pense à ce que coûtent à la Sécurité sociale, donc à nous tous, les soins à donner aux malades victimes du tabagisme, on a vraiment envie de partir en campagne contre la nicotine. Mais l'État n'a-t-il pas le monopole de la vente du tabac en France ? Ne jouerait-il pas double jeu ?

■ 4 - Réécrivez ces deux articles.

Réponses possibles (pour de jeunes adolescents) :
Atome (nom masculin) : - **1.** Chose extrêmement petite, invisible à l'œil nu. On dit : « Il n'a pas un atome de bon sens » - **2.** Les corps chimiques sont composés d'atomes qui se combinent entre eux. Une molécule d'eau (H_2O) contient deux atomes d'hydrogène pour un atome d'oxygène. Le principe de la bombe atomique consiste à faire éclater des molécules afin de provoquer des réactions en chaîne.
Baleine (nom féminin) : - Animal de très grande taille (jusqu'à 20 mètres de long), un des rares mammifères qui vit dans l'eau. Son immense bouche est garnie de fanons, lames parallèles qui filtrent ce que la baleine rejette de sa bouche. D'où l'utilisation du mot *baleine* pour désigner les baleines de corset (on se servait des lames des fanons) et les baleines de parapluie qu'on fabrique industriellement depuis longtemps.
Il existe de nombreuses sortes de baleines, de différentes tailles.
Expression familière : *rire comme une baleine,* c'est-à-dire la bouche toute grande ouverte.

Grammaire

Prendre des précautions
Modaliser   page 172   **13**

■ 1 - Dans cette citation d'un article...

Sans doute... - reste à savoir... - compte tenu... - dans ces conditions... - qui pourraient.

■ 2 - Dans les articles de presse...

On pourra diviser la classe en groupes, chacun des groupes étant chargé de trouver des exemples dans un des dossiers précédents.

■ 3 - Vous êtes journaliste et...

... devrait - prévoierait - souhaiterait - serait - conserverait.

■ 4 - Classez les expressions suivantes.

Nul doute que... - il y a de fortes chances pour que... - il semble que... - on pourrait penser que... - il paraîtrait que... - il est peu probable que...

■ 5 - Vous craignez qu'un(e) de vos ami(e)s...

1. Il ne peut qu'avoir échoué à son examen. - **2.** Il ne fait aucun doute qu'il a échoué à son examen. - **3.** Il est probable qu'il a échoué. - **4.** Il est à craindre qu'il ait échoué. - **5.** Il doit avoir échoué... - **6.** Il a probablement échoué... - **7.** Il a dû échoué... - **8.** Il a peut-être échoué... - **9.** Il se pourrait qu'il ait échoué... - **10.** Il est possible qu'il ait échoué...

■ 6 - On vient de vous annoncer...

1. Selon des sources bien informées, on viendrait de trouver un nouveau remède contre le cancer. - **2.** Une équipe de chercheurs aurait trouvé... - **3.** Il se pourrait qu'un remède efficace... ait été trouvé. - **4.** Il semblerait qu'un remède efficace... ait été trouvé. - **5.** Il y a de fortes chances pour qu'une équipe de chercheurs ait trouvé...

ESPACE SOCIÉTÉ

Culture : l'état de la France
page 176

 1 - Aider le lecteur.

En détachant la phrase d'introduction et en donnant un titre à chacun des paragraphes. - En articulant le texte en deux parties, la deuxième étant annoncée par « Cependant ». - En annonçant le contenu dans chacun des deux paragraphes introduisant les deux parties.

 2 - Du pour et du contre.

Travail par groupes de deux. Chacun s'occupera d'un des deux pôles (positif /- négatif) et pourra s'aider du tableau fourni à la question suivante pour classer ses informations.

1. *Raisons de se réjouir*
   - la diminution du nombre des exclus,
   - les progrès de l'éclectisme,
   - la vague montante des amateurs,
   - les gens qui regardent un peu la télévision sortent plus que ceux qui ne la regardent jamais.

Raisons de se désespérer
   - les gens regardent de plus en plus la télévision,
   - le renforcement des inégalités culturelles,
   - le désinvestissement des jeunes pour tout ce qui est culturel,
   - le nombre de lecteurs diminue.

▶ **3 - Quelles sont leurs pratiques ?**

Un débat sur « Culture : l'état du pays des étudiants » pourra s'engager. Des questions doivent être trouvées. Par exemple :
- quels sont les biens culturels les plus/les moins consommés ?
- y a-t-il une consommation culturelle homogène ? Peut-on essayer de distinguer des modes de consommation culturelle selon les régions, les générations, les milieux...
- l'accès aux biens culturels est-il favorisé ? etc...
La recherche de questions pour animer et relancer le débat est un travail à part entière : un petit groupe (3 personnes au plus) en sera chargé.
Voir tableau ci-après.

Proportions de consommateurs	Consommations à domicile	Sorties culturelles	Activités personnelles
5/6	• possèdent des livres		
3/4	• lisent, écoutent de la musique		
2/3		• ni musées, ni monuments historiques	
3/4		• pas d'expositions	
5/6		• ni bibliothèque, ni théâtre, ni concert	
49 %		• vont au cinéma	
70 % de cadres	• lisent des BD		
83 % des 15-19 ans	• lisent des BD		
1/10			• fait de la musique
1/4			• écrit roman et/ou poème, peint, sculpte
3,5 millions (1 adolescent/5)			• tiennent un journal
73 %	• regardent la TV (20 h hebdom.)		

▶ 4 - **Exercice libre.**

▶ 5 - **La culture coûte cher ?**

Jean-Charles : il s'achète des cassettes et des places de concert.
Caroline : elle va au cinéma. Si elle avait plus d'argent, elle diversifierait probablement ses sorties.
Serge : il achète des CD (compact disques). S'il en avait les moyens, il irait à l'Opéra.
Sophie : si elle était riche, elle irait au théâtre.
Roselyne : si elle était riche, elle achèterait une télévision géante, un magnétoscope, un camescope, un banc de montage.

▶ 6 et 7 - **Exercices libres.**

131

Les maîtres n'imitent personne ! page 178

14

▶ **1 - Dans quel cadre s'inscrit le texte ?**

1. Eugène Tardieu. - **2.** C'était un « incompris ». Pour beaucoup c'était un fumiste. - **3.** Celle qui copiait la nature.

▶ **2 - Ils étaient si différents !**

	Buts recherchés	Moyens utilisés	Peinture comparée à
Gauguin	• faire penser par affinité mystérieuse	• arrangement des lignes et des couleurs	• la musique
Bouguereau (d'après Gauguin)	• reproduire les choses telles qu'il les voit	• copier servilement	• la photographie

2. Fondamentale.
3. Le 1er : *dégager* - le 2e : *dégager* - le 3e et le 4e : *transpirer et faire de gros efforts* - le 5e : *transpirer*.

On pourra, si on le souhaite, introduire à la suite du travail sur Gauguin et Bouguereau, un débat dans la classe sur les concepts de « culture dominante » et de « culture non légitimée ».

On demandera aux étudiants de rechercher dans l'actualité des exemples de formes artistiques décriées à une certaine époque et reconnues aujourd'hui (expositions consacrées à la vidéo artistique, l'art brut, festivals de la bande dessinée à Angoulême...).

Musées et festivals page 179

 1 - Un musée original.

a. • Ce n'est pas :
- qu'il offre un grand musée national d'art moderne - qu'il y ait une bibliothèque en accès libre et une médiathèque - qu'on y trouve un centre de recherche musicale ou de design.

● C'est : - le lieu du mélange, de la rencontre, de la pluridisciplinarité.

b. ● 3 types de visiteurs : les flâneurs, les travailleurs (étudiants), les créateurs.
● des créateurs musiciens, chorégraphes, poètes, plasticiens...
● des disciplines dans les domaines des arts mais aussi des techniques (audio-visuelle, communication...).

c. ● Musée, bibliothèque, médiathèque.
IRCAM, le centre de recherche musicale, centre de création, organisation de séminaires, de rencontres...

▶ 2 - Exercice libre.

▶ 3 - Qu'en pensent-ils ?

1. Vient pour travailler (étudiant) - **2.** Vient pour l'art - **3.** Vient pour flâner sur le parvis - **4.** Vient pour travailler (chercheur).

Les arts de la scène
Le Bal de N'Dinga
page 181

Ce texte de Tchicaya U'Tamsi n'était pas une pièce de théâtre à l'origine. C'est l'équipe du TILF, spécialisé dans le théâtre francophone, qui a adapté ce texte pour la scène. Ce travail d'adaptation s'est réalisé au cours de lectures spectacles (données notamment au Centre Pompidou et dans le cadre du Festival d'Avignon).
La pièce a connu un grand succès en France (elle a été jouée à Paris pendant deux ans) et en Afrique. Elle a été récompensée aux Molière 90 (remise annuelle de prix aux meilleures pièces et aux meilleurs acteurs).

▶ 1 - Quelle est la situation ?

1. Un homme qui fait le ménage à l'hôtel Regina. Van Bilsen est un Belge, patron de cet hôtel. Kabasélé est le musicien qui a composé et interprété cet air. J.-P. Mpenjé est un ami de N'Dinga et travaille dans le même hôtel. La scène se passe à l'hôtel Regina, à Brazzaville, capitale du Congo.

2. a. « cha cha » comparé à une drogue, un hymne de gloire, un courant électrique...
b. Effet produit sur N'Dinga :
- corps : *il sentait son sang couler avec plus de chaleur - ses muscles étaient massés - les larmes lui venaient aux yeux - son corps se bandait comme un arc - ses nerfs étaient cassés - sa tête était fatiguée...*
- émotions : *il était secoué - bouleversé - en émoi - sentiment de joie et de nostalgie - une excitation proche du délire - une envie de mourir et de ressusciter.*

c. Conséquences sur le travail : *il ne veut plus passer la serpillère - il interrompt son travail pour esquisser un pas.*
d. Effet produit sur Van Bilsen : *il grogne, il enrage.*

▶ 2 - **Comment réagissent-ils ?**

1. La liberté, l'indépendance / la décolonisation, la perte d'une colonie belge.
2. L'un est colonisé, l'autre fait parti des colonisateurs..

▶ 3 - **Le métier d'acteur.**

Il est vrai que le rôle interprété par Pascal N'Zonzi demande beaucoup de souffle : Jean-Pierre M'Pendjé est le témoin et le narrateur de cette journée de la vie de N'Dinga, modeste « mort anonyme au Bal de l'Espoir ». À la manière du chœur antique, il raconte, commente et donne leur signification aux choses. Pour cela l'attention et la participation silencieuse du public sont importantes. Par ailleurs, le texte est ponctué de chants et de chorégraphies. Le public est donc amené à participer à la construction de ce crescendo qui culminera avec l'annonce de la mort de N'Dinga à la radio. « Une mort incompréhensible : un détachement de soldats de la Force publique, commandé par le sergent Outouboma, avait déjà mis fin aux troubles qui ont perturbé le meeting du MO-NA-CO-LU quand, longtemps après, est tombée une innocente victime sous des balles anonymes ! En pleine place des Beaux-Arts, vide à cette heure-là (...) ».

Le comédien doit amener le public à lui pour le faire entrer dans l'univers et la douce folie de N'Dinga qui rêve du jour où, grâce à l'indépendance du Congo, il y aura « une augmentation du sens de la vie ».

ESPACE LANGUE

Production de textes

La réécriture (2)   page 182

■ 1 - **Mettez en ordre les phrases suivantes.**

d - a - g - b - c - f - e ou g - b - c - f - e - d.

■ 2 - **Rétablissez l'ordre des éléments.**

1. Introduction : *Façon de réinventer les couleurs de l'avant-garde - Aujourd'hui*

la mode joue sur le blanc, le noir et le jaune.
Éveille la curiosité, annonce le sujet.
Puis paragraphes 2 et 1 : *On cherche une personnalité... - Les créateurs deviennent friands... - Le monde s'ouvre... - Alaïa flashe... - Issey Yaké impose... - L'éclectisme ethnique fait désormais rage...*
Conclusion : le dernier paragraphe.
Indices : *le tout dernier cri.* La phrase générale, qui ferme le passage en tirant une conclusion : *La mode est peut-être le lieu de l'éphémère, mais, avant tout, elle se nourrit de l'intégration.*

■ 3 - Déplacez certains éléments du texte...

L'image que renvoie ce sondage... - À l'inverse de la précédente, cette génération... - Deux idées ressortent... - La première... - L'école pourrait être... - Les profs... - Les lycéens...

■ 4 - Remplacez les éléments soulignés.

... et d'autres - remporter un franc succès - réjouit - se trouve enregistrée au cours d'un concert - difficile pour qui que ce soit - souvent - sur laquelle - ajoute / surimpressionne - ne s'est - de - compare - au printemps dernier - s'est déclarée / a été lancée une attaque en règle.

Grammaire

Repérer et assurer la cohésion du texte
page 184

■ 2 - Recopiez le paragraphe.

À première vue, le bilan est plutôt mitigé. Le Français cultivé surdiplômé refuse de quitter Paris pour la province, et appartient toujours à l'élite dirigeante ou intellectuelle. Le Français peu cultivé est de plus en plus fixé à son poste de télévision auquel il sacrifie non seulement livres et journaux quotidiens, mais aussi la culture populaire que le ministère a pourtant fait beaucoup d'efforts financiers pour réhabiliter. Fêtes foraines, bals publics, tours de chant, cirque et opérettes sont en perte de vitesse, et le succès des concerts rock, dont la fréquentation a été multipliée par deux depuis 1973, n'infirme pas la règle. Le rock n'appartient pas à la culture populaire, mais à la culture jeune, et les enfants de cadres supérieurs et de professions libérales y sont trois fois plus représentés que les enfants d'ouvriers, en 1988 comme en 1973.

■ 3 - Dans le premier paragraphe du texte « Beaubourg », relevez...

... ce n'est pas... - Il y en a d'autres - Ce n'est pas... - il y a d'autres lieux... - Ce n'est pas seulement... - Ni un centre... - Ce qui est... - ... c'est que

■ 4 - Dans le reste du texte sur Beaubourg, relevez...

a. *Beaubourg - il - le centre Pompidou - le centre - du musée.*
b. *puis... À ceux là... - ceux - le troisième type... - ainsi... - par ailleurs.*

■ 5 - Dans le texte sur les Zulus...

1. a. *... des fanatiques français - ils (sont) plusieurs milliers - ils (vibrent) - Leur secte - ils (sont reconnaissables) - leur (tenue) - ils (portent)...*
  b. Comme le thème unique est « la secte des Zulus » et presque tous les éléments du texte sont juxtaposés, il y a peu d'articulateurs.
   Cependant, est enchâssée une présentation de la secte dont la hiérarchie est marquée par trois articulateurs : *au niveau le plus bas - ensuite - en haut de la pyramide.*
   De plus, l'exemple de « haut fait » est introduit par : *par exemple.*
2. Réponse possible : *En France, la secte des Zulus a une organisation hiérarchisée et ses membres sont aisément reconnaissables à leur accoutrement.*

■ 6 - Repérez quatre manières différentes...

- ... des fanatiques français - Beurs, Noirs et Auvergnats confondus - du rap new-yorkais, du « scratch » et du « mix ».
- au niveau le plus bas... - en haut de la pyramide règnent les maîtres de cérémonies.
- par exemple un maxi 45 tours ou un joli graffiti.
- jean, baskets à gros lacets... - gravé sur une plaque.

ESPACE SOCIÉTÉ _____

Les années 80 dans le rétroviseur page 188

▶ **1 - Innovations technologiques.**

1. Classement des découvertes.

Communication simultanée	Communication différée
• la carte à mémoire • le répondeur téléphonique à distance • le téléphone de voiture • le téléphone de poche	• le télécopieur • le Modem • l'Alphapage

2. Le lecteur vidéodisque sert à voir des films, musicaux notamment, sur son écran de télévision avec une très bonne qualité sonore. Il remplace ou remplacera le magnétoscope à condition que l'utilisateur remplace ses cassettes par des vidéodisques. Tout le monde peut s'en servir, mais son usage est encore très peu répandu.
Le disque compact à laser (CD) sert à écouter de la musique. Il est de très bonne qualité sonore.
Le scanner sert aux médecins. Le scanner est utilisé en informatique pour reproduire des documents, par exemple.

▶ **2 - Que réserve l'avenir ?**

1. Par groupes de deux, les étudiants imagineront deux contextes (l'un d'ordre professionnel, l'autre dans la sphère privée) et une situation précise : ils ne se contenteront pas de mentionner les moyens de communication utilisés mais développeront les raisons et les formes de cette utilisation (*où, quand, pourquoi* et *comment*).
Ils pourront rédiger le message transmis (si c'est un message écrit) ou le verbaliser (si c'est un message oral).

2. Il s'agira, à deux, d'élaborer un bilan sur l'utilisation de ces moyens de communication : ce qui est entré dans les mœurs et dans les pratiques quotidiennes ; ce qui est réservé à un usage professionnel ; ce qui est considéré comme lié à une utilisation courante et ce qui reste exceptionnel.

3. Par groupes de deux, les étudiants joueront le rôle de « prévisionnistes » et élaboreront quelques scénarios fictifs sur la question des innovations technologiques.

On pourra également proposer une « foire aux inventeurs » et leur demander d'imaginer par petits groupes (de trois ou de quatre) les moyens de communication de l'an 2000 ! (Cf. également l'activité 3, page 191, dans laquelle il sera possible de réinvestir les deux activités ci-dessus pour élaborer le discours d'un Michel Ardan moderne.)

Le festival de l'industrie
et de la technologie

page 189

▶ 3 - Comment fonctionne ce texte ?

1. Informer sur ce qu'a été le FIT. À tous les gens qui s'intéressent à la technologie et plus particulièrement aux chefs d'entreprise.

2. 1er paragraphe - *Présenter* : imparfait à valeur descriptive, présent à valeur intemporelle ;

2e paragraphe - *Classer pour annoncer la description qui suit* : imparfait ;

3e paragraphe - *Définir et énumérer* : imparfait, noms communs, données chiffrées ;

4e paragraphe - *Définir et illustrer* : présent à valeur intemporelle, imparfait à valeur descriptive ;

5e paragraphe - *Définir* : imparfait.

3. *C'était un festival vivant, attrayant, qui invitait à participer.*

▶ 4 - L'entreprise moderne.

Chaque étudiant essaiera de commenter les trois fonctions attribuées à l'entreprise (*concevoir, produire, vendre*) d'après sa propre expérience et sa propre vision de l'entreprise moderne.

Ce texte pourra être écrit par groupes de trois dans la situation de communication suivante :

> *Vous êtes chargés de la communication à l'intérieur et à l'extérieur d'une grosse entreprise et vous réalisez pour cela un « film d'entreprise » qui a pour objectif de faire connaître à ses employés et à ses cadres les grands axes de son développement pour l'année à venir.*
> *Après avoir défini le type d'entreprise dont vous allez parler, vous élaborerez le scénario (images et commentaire lu en voix off) de ce film. Vous structurerez votre présentation autour des trois axes définis par le FIT.*

Chaque groupe présentera son projet au reste de la classe qui évaluera l'efficacité du message transmis par le commentaire off et par les images.

Informatique : le « soft » fait fort.   page 189

▶ **5 - Comment est organisé ce texte ?**

1. Les Français sont bien placés sur le marché international de l'informatique.
2. Classement des arguments.

Données chiffrées	• 2e rang mondial avec 100 milliards de francs • 3 sociétés françaises sont parmi les 10 premières mondiales
Postulat culturel	• l'informatique correspond à notre esprit cartésien
Histoire récente	• des entreprises ont saisi l'opportunité entre 1960 et 1970
Paradoxe	• nos ordinateurs ne se sont jamais imposés et les ingénieurs ont été obligés de travailler sur du matériel américain
Conséquences	• leur compétence est devenue universelle

▶ **6 - Imaginez.**

1. Les logiciels n'auraient été valables que pour la France.
2. Parce que le « hard » va coûter de moins en moins cher, ce qui n'est pas vrai pour les idées qui permettent de fabriquer du « soft ».

Un projet ancien...   page 190

 1 - Un précurseur.

1. - *voyager à quatre pattes - sur deux pieds,*
   - *en charrette - en coche - en diligence - en chemin de fer - projectile - voiture,*
   - *vitesse - rapidité - flâneurs - peu pressés.*
2. *Je vous demande s'il y a là de quoi s'extasier, et n'est-il pas évident que tout cela sera dépassé quelque jour par des vitesses plus grandes encore, dont la lumière ou l'électricité seront probablement les agents mécaniques ?*

Sur le dernier point les étudiants pourront :
a. Évaluer les changements intervenus sur deux ou trois générations : la leur, celle de leurs parents et celle de leurs grands-parents (qu'ils pourront interroger, le cas échéant).
- comment sont perçues les distances au niveau local, national, international par ces différentes personnes. On pourra donner des exemples : le plus grand voyage effectué par les grands-parents, les moyens de transport utilisés, pour aller où et dans quel but. Mêmes questions pour les parents auxquelles on ajoutera celle des distances parcourues et celle de la fréquence des déplacements.
b. Évaluer les changements intervenus au niveau international dans les voyages inter-planétaires par exemple (préparation à l'activité 2, débat).

... en version moderne   page 191

▶ **2 - Discutez-en.**

Réponses possibles :
1. Les projets Ariane et Hermès sont complémentaires dans la mesure où c'est la fusée Ariane qui doit lancer l'avion spatial Hermès. - **2.** Non. Le projet coûte trop cher pour un seul pays. De plus, les pays européens ont intérêt à développer des formes de partenariat tant au niveau de la recherche qu'à celui de la fabrication. - **3.** On peut espérer que la coopération scientifique internationale développe l'intercompréhension, les relations pacifiques et la circulation des idées entre les peuples.

▶ **3 - Mettez-vous à sa place.**

Le discours d'un Michel Ardan moderne résultera des différentes idées échangées dans la classe au cours des activités précédentes, mais il sera écrit et rédigé à deux et lu par l'un des deux étudiants de chaque équipe. Les auditeurs pourront réagir au moment de la lecture et poser des questions.

▶ **4 - TGV ou AGV ?**

Les arguments avancés ici devront être commentés et illustrés.
• *Durée* : la gare est en général dans le centre ville, contrairement à l'aéroport qui se situe en banlieue, d'où temps (transports collectifs) et argent (taxi) dépensés pour s'y rendre. Au total, on perd parfois dans ces trajets le temps qu'on a gagné en prenant un avion sur les lignes intérieures et peut-être, demain, sur les lignes européennes !
• *Temps* : le temps passé dans les agences pour réserver des places dans le TGV ou les avions est à peu près équivalent (beaucoup de temps en périodes de vacances, peu de temps en périodes creuses).

- *Embarquement des bagages* : pas pour le TGV.
- *Prix des billets* : très inférieur en 2e classe du TGV.
- *Nombre de passagers* : alors que la surcharge n'est pas permise à bord d'un avion, il y en a encore souvent à bord d'un TGV en période rouge (période de vacances).
- *Vitesse* : de plus en plus concurrentielle pour le TGV, plus le plaisir de regarder le paysage avec, comme dernier argument, la peur de l'avion que peuvent éprouver certaines personnes.

15

Médecine et biologie : quelques travaux

page 192

 1 - Comment faire passer le message ?

1. Elle est *télécommandée,* elle possède *un système électronique miniaturisé, des tours dentées escamotables, un appareil de télémétrie, des substances chimiques.*
- gélule-sonde - vaisseau - laboratoire miniaturisé.
2. Oui. On imagine plus facilement la gélule parcourir l'intestin et sonder celui-ci en vue de découvrir des défaillances.
3. La médecine utilisera de plus en plus les technologies mises au point par des ingénieurs.
4. Activité libre.

 2 - Soyons sérieux !

Ces dessins posent le problème de la manipulation génétique et ils soulèvent la question de savoir jusqu'où la science peut aller.
Les individus pourraient être manipulés à leur insu. Des parents pourraient choisir le sexe de leur enfant au détriment de l'équilibre social. La société pourrait choisir de créer une race de « sur-hommes » et une race de « sous-hommes », génétiquement parlant.

 3 - Qu'en pensez-vous ?

Un petit groupe préparera ce débat en se documentant notamment sur la question des « comités d'éthique » qui se forment en France mais aussi dans d'autres pays afin d'exercer leur vigilance au sujet des découvertes scientifiques.
Différents thèmes pourront être défrichés et notamment :
- rôle et fonction de ces groupes (comités, associations...) vis-à-vis des pouvoirs publics,
- question de l'éducation et de l'information des gens : diffusion de la vulgarisation scientifique, rôle des médias et de l'école...

Le groupe d'animation fera le point sur ces questions et sur d'autres (plus immédiatement liées à l'acuité de ces questions dans le pays des étudiants) afin de lancer le débat dans la classe.

▶ 4 - Un débat lourd de conséquences.

Les personnalités non scientifiques doivent mettre en garde contre les dangers de ces recherches. Ils doivent faire réfléchir les scientifiques, mais aussi l'homme de la rue, sur leurs conséquences. Ils doivent établir des règles morales strictes et les faire respecter...

Pour faire des concessions, on pourra employer :
    Bien que la transplantation d'organes puisse sauver des vies...
    En dépit de la réussite de certaines transplantations...
    Quelles que soient nos convictions religieuses...

Pour réfuter leurs arguments :
    On a beau invoquer..., il n'en reste pas moins que....
    Nous ne nions pas le fait que..., mais...
    Si nous sommes d'accord avec le fait que...., il est certain par ailleurs que...

Pour conclure :
    C'est pourquoi nous pensons que...
    L'examen des arguments présentés ne peut conduire qu'à la conclusion que...
    Il résulte de cette discussion que...

L'Apollon de Bellac   page 193

 1 - Situation.

1. L'huissier de service de l'Office des Grands et Petits inventeurs. Une femme inventeur : Agnès. Un monsieur, témoin de la scène : monsieur de Bellac. - **2.** Un mardi. - **3.** Le dépôt d'une invention.

▶ 2 - Interprétation.

1. L'Huissier, l'Office, le Président. - *Petite, moyenne ou grande.*
2. La caractéristique de l'inventeur c'est qu'il est modeste. - L'orgueil a été inventé par les non-inventeurs. - La modestie d'Agnès. - L'humanité attend dans l'angoisse des inventions extraordinaires.
3. Il emploie l'article défini et le temps présent. - **4.** De l'humanité. - **5.** Effet comique. - **6.** De se moquer de l'administration.

ESPACE FRANCOPHONIE ———————— page 195

15

La compréhension des encarts présentés dans les pages francophonie pourra être évaluée à l'aide du quiz suivant :
- Dans combien de pays trouve-t-on des communautés francophones ?
- Dans quels secteurs utilise-t-on le français dans les pays francophones ?
- Quelles différences économiques marquent la francophonie ?
- Qu'est-ce que le « zouc » ?
- Où est préparé le tajine ?
- Citez deux chanteurs francophones.
- Expliquez les sigles le TILF, le FESPACO, RFI.
- Où a été créée l'Université internationale de langue française ?
- Citez trois quotidiens de la francophonie.
- Que diffuse Radio France Internationale ?
- Quel est le statut du Français au Québec ?
- Que signifie « être aux oiseaux », une « essencerie », « un pain chargé » ?
- Que signifie le proverbe créole « Plus on mange et plus on a faim » ?

ESPACE LANGUE ————————————

Production de textes

Évaluation et réécriture d'un texte
page 194

■ 1 - Reconstituez la situation de communication.

1. L'utilisation du téléphone.
2. Probablement au professeur qui a donné le sujet.
3. Critiquer l'attitude des Français devant le téléphone. Se défendre des critiques faites à son comportement. Se justifier.
Ces intentions se dégagent du texte mais ne sont pas clairement exprimées dans l'introduction ou la conclusion.
4. Devoir d'étudiant.

15

■ **2 - Appliquez à ce texte...**

La réponse à cet exercice se trouve dans la réécriture du texte qui est donnée dans la page.
Après avoir répondu aux questions de l'exercice 2, les étudiants liront l'essai de réécriture, compareront avec le texte original et justifieront les changements.

Grammaire

Procédés d'analyse d'un texte   page 196

Ces procédés résultent de ce qui a été vu précédemment. Il s'agit ici d'une récapitulation.
On étudiera attentivement les notations portées en marge du texte de la page 196 et on se reportera aux deux textes explicatifs.
Puis, sur des photocopies du texte « Tom, un système expert » (page 197), chacun essaiera pendant quelques minutes de noter l'idée directrice, les facteurs de cohérence, les marques de cohésion, les procédés de présentation et de développement... et apportera ses idées au groupe restreint auquel il appartient. On confrontera ensuite les résultats obtenus par les différents groupes.

■ **- Identifiez les caractéristiques du texte « Tom, un système expert ».**

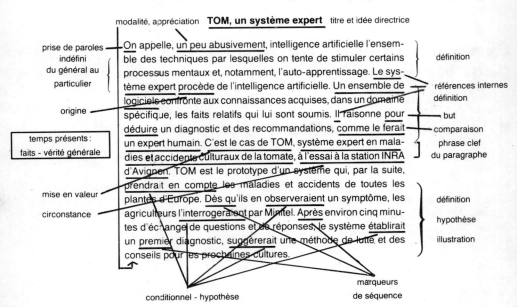

144

Feuilleton Radio

Une femme, un homme   page 199

■ - Lexique.

Onzième épisode
Espionner : surveiller, épier quelqu'un.
Maquilleuse : quelqu'un chargé de maquiller toute personne qui passe à la télévision ou au cinéma.
Croiser les doigts : geste qui est censé porter chance.
Tirer la couverture à soi (fam.) : accaparer tous les honneurs.
Avoir une peur bleue (fam.) : avoir très peur, être paniqué.
Avoir le trac (fam.) : très grande peur irraisonnée que l'on ressent avant d'affronter le public ou de subir une épreuve.
Ma grande (fam.) : terme d'amitié.

Dernier épisode
Laisser tomber (fam.) : quitter, abandonner.
Colloque : débat, conférence.
De plein gré : librement.
Se vanter de quelque chose : déformer la vérité par vanité.
Louanges : compliments.

15

Cahier d'exercices
Corrigés

Dossier 1 : Des stéréotypes

Les étudiants réfléchiront chez eux aux exercices « ouverts » qui sont proposés au début de ce dossier : les questions seront ensuite discutées en classe. Cela permettra d'attirer l'attention sur l'utilité du cahier d'exercices et sur l'importance du travail hors de la classe.

1 à 3 - **Exercices libres.**

4 - **Soyez indulgents !**

Réponses possibles :
Les Français sont plutôt individualistes, mais ils peuvent être généreux.
Ils sont assez pantouflards, mais ils peuvent être courageux.
Ils ont la réputation d'être insouciants, mais ils sont également travailleurs.
Ils se veulent anti-conformistes, mais ils sont aussi pantouflards.

5 - **Qu'évoque pour vous le mot « culture » ?**

On créera un réseau au tableau grâce aux apports des étudiants. On initiera ainsi les « nouveaux » étudiants à la technique du réseau comme moyen de recherche d'idées.

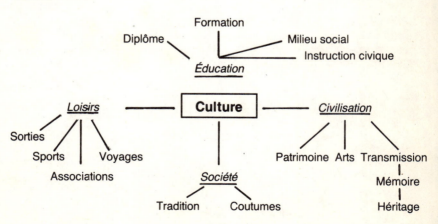

6 - Définissez.

Réponses possibles :
Les Français sont des pantouflards qui se prennent tous pour Napoléon. - Ce sont des couche-tôt qui n'aiment pas dépenser leur argent. - Ce sont des Espagnols couche-tôt et pas dépensiers. - Ce sont des Allemands qui prendraient la vie du bon côté.

7 - Complétez avec l'article qui convient.

Les - une - le - le - un - le - un - la - des - des.

8 - Réunissez...

1. Les opinions sur les Français dont ils ont discuté étaient des stéréotypes. - **2.** Leurs jugements, contre lesquels j'ai élevé des objections, étaient trop simplistes. - **3.** Mes critiques, auxquelles ils ont répondu, ne les ont pas convaincus. - **4.** Mes amis, auxquels j'ai conseillé d'aller en France, iront aux prochaines vacances. - **5.** Les autres, auprès desquels j'ai insisté, ne veulent pas voyager à l'étranger.

9 - Relativisez !

Réponses possibles :
1. Toutes les femmes - beaucoup de femmes - la plupart des femmes sont coquettes.
Certaines femmes - seules quelques femmes sont coquettes.
Les femmes sont souvent - quelquefois - rarement coquettes.
2. La grande majorité des hommes sont égoïstes. - Bon nombre d'hommes sont égoïstes - Quelques hommes sont égoïstes - Peu d'hommes sont égoïstes. Aucun homme n'est égoïste.
3. Les enfants sont presque toujours désobéissants. - Les enfants sont quelquefois désobéissants. - Il y a peu d'enfants désobéissants.
4. Presque tous les chiens sont méchants. - Certains chiens sont méchants. - Les chiens ne sont pas méchants.
5. Les chats sont souvent affectueux. - Les chats sont plutôt affectueux. - Les chats sont rarement affectueux.

10 - Ajoutez les articles...

1. Les Italiens sont cultivés. - La plupart des Italiens sont cultivés. - Il existe des Italiens cultivés.
2. Les Allemands ont le sens de la discipline. - Les Allemands ont presque toujours le sens de la discipline. - Les Allemands ont souvent le sens de la discipline.

3. Les Anglais ont le sens de l'humour. - La majorité des Anglais ont le sens de l'humour. - Beaucoup d'Anglais ont le sens de l'humour.

11 - Complétez les phrases.

1. la, le - **2.** des - **3.** le, une - **4.** un - **5.** un - **6.** le.

12 à 14 - Exercices libres.

Dossier 2 : Je me souviens...

1 - Qui a répondu ?

1. Choix de la déduction appropriée.
1. a - 2. b - 3. b - 4. b - 5. b - 6. a - 7. a - 8. a.
2. Assez, jeune, genre intellectuel parisien, aux goûts et aux comportements branchés, soucieux/soucieuse de son équilibre physique et de sa ligne, orienté vers les problèmes de communication (peut-être un(e) professionnel(le) de la communication : journaliste, éditeur...).

2 - Mettez en valeur.

1. Ce que je revois, ce sont les fêtes du Bicentenaire.
2. Ce que je me rappelle, ce sont les robes folles de Christian Lacroix.
3. Ce que je n'oublierai pas, c'est le krach boursier de 1987.
4. Ce dont je me souviens, c'est du succès de la gauche aux élections de 1981.
5. Ce à quoi j'ai souvent pensé, c'est aux attentats terroristes des années 80.

3 et 4 - Exercices libres.

5 - Les temps du passé.

1. *terrassa* : terrasser - *resta* : rester - *permit* : permettre - *mit* : mettre - *prit* : prendre - *devint* : devenir - *fut, furent* : être.
2. À la 3e personne.
3. Toutes sauf *terrassa* et *resta*, verbes du premier groupe.
4. Le moment présent du texte est le moment de l'écriture, c'est-à-dire décembre 1988. L'auteur parle d'un passé révolu.

6 - Que vous en a-t-on dit ?

On m'a dit que la France était devenue pavillonnaire, que l'objet le plus vendu avait été le baladeur qu'on avait diffusé à partir de 1981 et qui avait permis aux individus de s'isoler. On m'a dit qu'on avait méprisé l'école...

7 - On a le choix...

Cette période aurait été présentée de façon beaucoup plus reliée au présent, comme un flash-back au cinéma. L'imparfait permet de faire revivre les événements en les présentant comme en train de se faire. L'imparfait ne rejetterait pas ces événements dans un passé révolu, ne couperait pas nécessairement les ponts avec le moment de l'écriture.

8 - Imitez !

Réponses possibles :
1. ... était de se dépasser, à condition d'essayer de battre un record.
2. ... était de se lancer dans le vide, à condition qu'il y ait vraiment du danger.
3. ... était de faire de la gym, à condition que ce soit dans la douleur.
4. ... était de faire des « folies », à condition qu'on les remarque.

9 - Jouez avec les formes.

1. Les attaques *sous lesquelles* le péristyle s'écroula. - **2.** Le fracas *dans lequel* s'écroulaient les blocs de béton. - **3.** La terrasse *à laquelle* restaient accrochés des blocs énormes. - **4.** L'amoncellement des ruines *auquel* se mêlaient les lettres de métal tordu. - **5.** La façade *à laquelle* l'avancée en arc de cercle donnait son allure unique.

10 - La référence temporelle.

1. (2) - **2.** (2) - **3.** (1) - **4.** (1) - **5.** (2) - **6.** (1) - **7.** (1) - **8.** (2) - **9.** (1) - **10.** (2).

11 - Le travail et l'argent.

1. *S'effondrèrent / se sont effondrées - réussissait - allait - voyait - découvrait -fallait - était - se souvient.*
2. Le présent, le moment de l'écriture du texte.
3. *Années hystériques - bourses qui s'effondrent - imposture de l'argent valeur moteur - mythe du « fric c'est chic » - cynisme - mépris - gérer son portefeuille - gagner - entrepreneur.*

12 - Imaginez.

Réponses possibles :
1. Avant de mettre en scène le défilé du bicentenaire, Jean-Paul Goude s'était fait connaître dans la publicité et la décoration. - **2.** Après avoir gagné le tournoi de Roland-Garros en 1983, Yanick Noah n'a plus gagné de tournoi important. - **3.** Après que le mur de Berlin est tombé, toute l'Europe de l'Est s'est soulevée. - **4.** Avant qu'on inaugure l'Opéra Bastille en 1989, le quartier entier a commencé à se transformer.

■ - Auto-évaluation

1. Par exemple :
- film : *Camille Claudel* - *37,2° le matin,*
- livre : *Bastille Tango,*
- grand couturier : Christian Lacroix,
- endroit « branché » : Les Halles - le café Costes,
- événement marquant : le défilé du 14 juillet 1989 sur les Champs-Élysées,
- objet représentatif : le fauteuil Stark.
3. Par exemple : *branché - jogging - gagner - entrepreneur - le temps du « Chacun pour soi » - Le fric, c'est chic.*

Dossier 3 : Une société à plusieurs vitesses

1 - Imaginez des définitions.

Réponses possibles :
1. Les nouveaux riches sont des gens qui ont fait fortune rapidement et qui aiment le montrer. - **2.** Les femmes surmenées sont des femmes qui ont des enfants et qui travaillent à la fois chez elles et à l'extérieur. - **3.** Les gens stressés sont des gens qui n'arrivent plus à faire face à leurs responsabilités avec calme. - **4.** Les petits fonctionnaires sont des gens qui gagnent peu et ont l'impression d'être les mal-aimés et les exploités de la société.

2 - De mieux en mieux ou de pire en pire ?

Réponses possibles :
1. Moins ils gagnent, plus ils aspirent à la considération des autres. - **2.** Plus leur salaire est bas, moins ils ont de prestige. - **3.** Plus ils ont de travail, plus ils en veulent. - **4.** Moins ils sont prospères, plus ils sont angoissés. - **5.** Plus ils sont connus, plus ils gagnent.

150

3 - Mettez en valeur.

1. C'est à la reconnaissance qu'aspirent les râleurs. - **2.** C'est l'amélioration de leur conditions qu'ils espèrent tous. - **3.** C'est de la perte de leur pouvoir que les frustrés ne se consolent pas. - **4.** C'est de réussite sociale dont les bosseurs rêvent ; c'est à la réussite sociale que les bosseurs rêvent. - **5.** C'est l'absorption par les grosses sociétés que craignent les libéraux. - **6.** Ce sont les attaques de drogués que craignent les pharmaciens.

4 - Créez des titres.

1. Création d'une société - **2.** Amélioration de la situation des ouvriers - **3.** Réajustement récent des salaires - **4.** Perte de prestige ! - **5.** Revalorisation prochaine des métiers manuels.

5 - Mettez en valeur les mots soulignés.

1. *Les besoins* sont harmonisés par l'information que donnent les médias. - **2.** *Les différences* sont accentuées par l'éducation et la culture. - **3.** *Les mêmes objets* ne sont pas utilisés de la même façon par des gens différents. - **4.** *Les congélateurs* sont achetés surtout par les ouvriers. - **5.** *Les lave-vaisselle* sont appréciés également par tous.

6 - La pénétration des fast-foods en France.

On pourra commencer par une constatation sur la fréquentation, puis on analysera les clients selon leur âge et leur profession. Enfin on dira ce qu'ils dépensent. Cet exercice est destiné à faire décrire des données d'une manière ordonnée et exhaustive et à faire employer des statistiques, des quantificateurs et des adverbes de fréquence.

Par exemple :
La fréquentation des restaurants dits « resto-pouce » (de l'expression « manger sur le pouce ») ou « fast-foods » semble de plus en plus importante. 13 % des clients y prennent au moins un repas par jour, 32 % y vont plusieurs fois par semaine...
La moitié des clients (50 %) ont moins de 24 ans. Plus du quart ont de 25 à 34 ans...
Ce sont surtout les étudiants et les employés qui fréquentent ces restaurants. Ces deux catégories constituent les deux tiers des habitués...
En général, les clients dépensent entre 10 et 30 francs pour un repas, mais certains d'entre eux restent en dessous de 10 francs, alors qu'un nombre à peine plus élevé dépasse les 30 francs par repas.

7 - Sommes-nous interchangeables ?

1. Nous consommons tous mais pas de la même façon. L'idée principale est exprimée dans la première phrase.

2. a. La consommation est-elle la même pour tous ?
b. Tout le monde mange mais pas de la même façon.
c. La fonction et l'utilisation de la voiture varie selon les automobilistes.
d. Les appareils ménagers sont achetés et utilisés à des fins différentes.

3. La dernière phrase qui reprend la dernière phrase du premier paragraphe et qui a été utilisée dans le titre.

4. a. *transforme - harmonise - interchangeables - à âge égal, à taille égale.*
b. *une moins grande part - plus de - un kilo de plus -moins de - plus souvent trois fois plus.*
c. *mais - tandis que.*
d. *Sur l'une - sur l'autre - à âge égal - à taille égale - les uns - les autres... pas sur les mêmes routes - aux mêmes heures - ni aussi longtemps - les mêmes objets - au même prix et au même endroit.*

5. a. F. (Nous ne consommons pas de la même façon...) - **b.** V - **c.** V - **d.** V - **e.** V - **f.** V.

6. Interprétez !
a. Non. C'est également dû au fait qu'elles prennent moins soin de leur corps car elles ont moins de temps et d'argent pour le faire.
b. Parce qu'ils achètent en quantités de la nourriture à meilleur prix.
c. Parce qu'ils ont des responsabilités et des horaires de travail différents.

8 - Lisez cette prédiction...

Note : Le lynx, animal chassé pour sa fourrure, est un animal en voie de disparition.

Réponses possibles :
1. Il semble que ce soit surtout le bas niveau de vie général des petits exploitants et la nécessité où ils se trouvent de s'endetter lourdement pour moderniser leurs exploitations. C'est sans doute aussi l'attrait qu'exerce la vie citadine sur les jeunes.
2. Ils ont surtout un rôle positif : ils entretiennent leurs champs et leurs bois, irriguent, nettoient. Ils évitent que certaines régions ne deviennent des déserts. Mais ils peuvent aussi avoir une influence néfaste dans la mesure où ils polluent parfois les eaux naturelles avec leurs désherbants ou leurs engrais.
3. L'abandon des villages, les terres en friche...

9 - Écrivez une lettre.

Lettre possible à l'Office du tourisme :

À l'Office du tourisme

de ....

le ....

Monsieur,

Je vous serais reconnaissant de bien vouloir m'envoyer une documentation sur les ressources hôtelières et touristiques de la région bordelaise.

Comme j'ai, d'autre part, le désir de me documenter sur les vins de la région, une liste des principaux châteaux me serait utile.

Pourriez-vous me faire parvenir cette documentation à .... (adresse) ....

Je suis commerçant à .... et compte passer une partie du mois de juin près de Bordeaux.

Avec mes remerciements anticipés, veuillez agréer, Monsieur, l'expression de mes sentiments distingués.

Signature

■ - Auto-évaluation.

2. - Définissez. Réponses possibles :

Les magasiniers sont des salariés qui s'occupent des stocks d'une entreprise.
Jean est un animateur qui s'occupe d'un centre culturel de quartier.
Monsieur André est un sous-chef de bureau des PTT qui regrette sa vie de célibataire.

4 - Mettez en valeur les mots soulignés.

a. Son village, il ne le reconnaît plus. - **b.** De l'argent, il faut en avoir pour bien vivre. - **c.** La région, c'est le Conseil régional qui la gère. - **d.** Les communes rurales, on les abandonne.

Dossier 4 : La vie, mode d'emploi

1 - Trouvez six caractéristiques...

Réponses possibles :

1. Ils sont une grande majorité à se replier chez eux. - **2.** Ils sont plus d'un sur deux à avoir un animal de compagnie. - **3.** Ils ne sont plus qu'un tiers à habiter la campagne. - **4.** Ils sont plus de 10 % à posséder une résidence secondaire. - **5.** Ils ne sont plus que quatre sur dix à rentrer chez eux pour déjeuner. - **6.** Ils sont presque 9 sur 10 à se dire heureux.

2 - Comment est organisée cette présentation ?

1. *On peut désormais apprendre les langues chez soi, par téléphone ou Minitel.* -
2. *Auparavant 40 %. Avec le téléphone, 2 %.* - **3.** *Nous avons beaucoup moins d'échecs... plus facilement* (ce témoignage illustre et développe la phrase-clef). -
4. *Plus de deux cents professeurs.* - **5.** Par exemple : *Avec Intercom, devenez bilingue sans sortir de chez vous ! Intercom : apprenez les langues par téléphone !*

Phrase-clef

Illustration - statistique

Argument: statistique

auparavant *avec le téléphone*

Argument: citation-conclusion

---

3 - Rapportez ces paroles.

1. Mon ami m'a dit que sa femme adorait rester chez elle. - **2.** Mon ami m'a dit qu'ils avaient déménagé huit jours auparavant. - **3.** Mon ami m'a dit que ses meilleurs amis préféraient partir pour le week-end. - **4.** Mon ami m'a dit qu'ils avaient dû confier leur chat à des voisins pour pouvoir partir. - **5.** Mon ami m'a dit qu'il allait s'équiper en matériel électronique.

4 - Exercice libre.

5 - Comparez les deux tableaux.

Texte possible:
Malgré la progression du niveau de vie des Français, leurs besoins sont inégalement satisfaits, et vont croître dans des progressions différentes dans les dix ans. C'est sur les loisirs et la culture que la hausse serait la plus forte. On prévoit une progression dans presque tous les secteurs. Par contre, les pourcentages de l'alimentation, de l'habillement et des services seraient en baisse sensible. C'est ainsi que...

6 - Exercice libre.

7 - Comparaison - Qu'est-ce que ça dénote?

Le registre « familier » utilisé par le jeune homme: mots familiers (*vachement*), d'argot (*se tirer*), contractions (*t'aurais*), emploi du « tu » avec quelqu'un qu'il ne connaît pas, comportement relâché, vêtements négligés...
Le registre « standard » utilisé par l'employé: vouvoiement, clarté des explications (*eh bien, voilà*), comportement professionnel (*nous, l'agence*).

8 - « La bourgeoisie est à la hausse. »

1. a. issu de - **b.** haut de gamme - **c.** devenir accessible à tous - **d.** qui rejette tout ce qui est commun - **e.** s'arracher - **f.** plat cuisiné, nourriture préparée.
2. Mutation - rapprochement - imitation - élitisme - modèle dominant.
3. La dernière.
4. Il semblerait que les constructeurs automobiles aient bien saisi ce retour en arrière. - On s'arracherait... - Le domaine culinaire aurait, lui aussi, opéré sa révolution. - On mangerait désormais...

9 - Lisez le texte...

1. Lexique : *rejetée / recherchée - marque infâmante / revendiquée - révolté / besoin de valeurs sûres.*
2. Articulateurs : *maintenant* (s'opposant à l'imparfait) - *il y a 25 ans à peine* - *à la différence de - d'aujourd'hui.*
3. Structures parallèles : *Ils font ce qui les aurait fait...*
4. Temps : imparfait / présent.

10 - Quels groupements pouvez-vous faire ?

1. Loisirs pour tous - civilisation des loisirs.
2. Sport de compétition - de détente - nautique - de plein air - en salle.
3. Événement sportif - de l'année - fêter un événement - créer l'événement.
4. Fête nationale - aller à la fête - faire la fête - C'est la fête !
5. Voyage au long cours - partir en voyage - Les voyages forment la jeunesse - Bon voyage ! - agence de voyages.

11 - Comparez deux à deux...

Réponses possibles :
Les uns préfèrent le voyage individuel qu'ils organisent eux-mêmes, les autres le voyage individuel organisé.
Au lieu de faire un séjour à l'hôtel, ils font du camping.
Il y a trente ans les gens organisaient leurs voyages ; aujourd'hui ils séjournent dans les clubs de vacances.

Dossier 5 : La famille, un refuge ?

1 - Vous n'en êtes pas absolument certain !

Réponses possibles :
Selon un sondage, les femmes se marient à 24 ans et les hommes à 26 ans en moyenne.
On dit que le taux de natalité a baissé dans toute l'Europe.
Il semblerait que la France soit au deuxième rang en Europe pour le nombre des naissances.
Il y aurait un divorce pour trois mariages, etc.

2 - Quelles interprétations pouvez-vous donner ?

Réponses possibles :
Comme ils sont libres et se sentent bien chez eux, ils ne quittent leurs parents que très tard.
Puisque beaucoup d'entre eux n'éprouvent plus le besoin de s'opposer à leurs parents, ils peuvent adopter leurs idées sur les problèmes de société.
Vu que la période actuelle est difficile, l'objectif le plus important pour un jeune est de se former à un bon métier..., etc.

3 - Comment ont-ils répondu ?

Réponses possibles :
Un tiers d'entre eux ont des idées différentes de celles de leurs parents sur la politique. À peine un dixième d'entre eux pense quitter le foyer familial à leur majorité. Ils sont près de la moitié à vouloir rester chez leurs parents jusqu'à ce qu'ils aient trouvé un travail. Plus de la moitié des enfants ont les mêmes idées que leurs parents sur la réligion / les mêmes convictions religieuses que leurs parents, etc.

4 - Dans le texte « Labeurs de femmes »...

1. Accomplir ses travaux habituels - **2.** Réservé à - **3.** Enseigner - **4.** Aller plus mal - **5.** Tenir à l'écart - **6.** Enfant - **7.** Faire croire à une personne qu'elle est coupable, responsable de ce qui arrive de mal.

5 - Quel sens ont les temps ?

1. Action habituelle dans le passé - **2.** Vérité générale - **3.** Constatation d'un état de fait habituel - **4.** État - **5.** Action passée - **6.** État.

6 - Vous avez interviewé Martine Ségalen.

Elle m'a dit que la situation actuelle n'était pas inédite, que la majorité des femmes avait toujours participé...

7 - Vous venez d'interviewer l'un des 150 000 pères...

Je lui ai demandé pourquoi il avait choisi d'élever ses enfants seul, comment il s'était organisé pour élever ses enfants, quels avaient été ses problèmes majeurs, s'il croyait que ses enfants étaient heureux, s'il choisirait encore d'élever seul ses enfants s'il avait à prendre cette décision maintenant.

Il m'a répondu que... Réponse libre.

8 - Un beau rêve.

Modestie : petite cérémonie modeste, petite église de banlieue, leur appartement modeste, douce récompense après une journée de labeur.
Bien-être tranquille : leur appartement modeste mais confortable, rideaux tirés, soupière fumante.

9 - Écriture.

Bientôt, ils seront mariés (...) et ce sera sa femme rougissante qui s'appuiera (...) et cette voix de contralto qui ne chante pas, qui ne chantera jamais (...). Ce sera leur appartement (...) la jeune ménagère impeccable qui déposera (...). Ce sera bientôt leur fils qui chevauchera (...) qui enfilera des bagues (...) son père fera faire ses devoirs.

■ - Auto-évaluation.

2. Définissez. Deux réponses possibles :
Une famille monoparentale est une famille où l'enfant est élevé par un seul parent, le père ou la mère.
Selon les valeurs bourgeoises une « bonne mère » est une mère qui reste à la maison pour s'occuper du foyer et de ses enfants.

4. Mettez au style indirect.
a. On m'a demandé si j'étais allé voir ma femme la veille. - **b.** ... si nous nous étions réconciliés. - **c.** ... si nous reprendrions la vie commune. - **d.** ... ce que nous dirions à nos enfants.

Dossier 6 : Que je t'aime !

1 - Exercice libre.

2 - Retrouvez les mots.

... Faire des rencontres - amis - sortir - affecte - raréfier - à quoi s'en tenir - attentions - se fabriquer.

3 - Est-ce un résumé valable ?

1. Il serait valable... Réponses possibles :
- s'il reprenait l'idée directrice du texte : *Comment trouver des partenaires à 20, 25 et 30 ans ? ;*
- s'il incluait la catégorie des plus de 30 ans : *Les plus de 30 sont plus décomplexés : quand une occasion se présente...*
2. *Comment rencontrer et séduire des partenaires ? À 20 ans, on a des occasions et le temps de s'amuser. À 25 ans, le temps et les occasions se raréfient. À 30 ans, on est plus direct et mieux organisé.*
3. Activité libre.

4 - Complétez les expressions suivantes...

1. *... sont nos amis* - **2.** *... l'approximation* - **3.** *... timide* - **4.** *... un personnage* - **5.** *... les rôles* - **6.** *... d'attentions.*

5 - Modifiez les noms soulignés...

1. *C'est une personne* à laquelle vous tenez. - **2.** *C'est de cette femme* dont il est amoureux. - **3.** *C'est d'un restaurant* irréprochable dont vos amis vous ont parlé. - **4.** *C'est contre ces petites attentions* qu'ils affectent d'être. - **5.** *C'est sur vos amis* que vous pouvez compter.

6 - Exercice libre.

7 - Dites-le autrement.

1. C'était un amour *sans espoir.* - **2.** C'était l'homme *à la veste rouge.* - **3.** Ils faisaient des vœux *pour la réussite du mariage.* - **4.** Ils aiment les dîners entre *amis.* - **5.** Il s'est acheté une mobilier *en métal.* - **6.** C'est une poupée *en carton.* - **7.** C'est une table *de jeu.*

8 et 9 - **Exercices libres.**

10 - **Trouvez les prépositions...**

...de - de - de - à - à - de - à.

11 - **Exercice libre.**

■ - **Auto-évaluation.**

3. a. Il a connu une femme qui vivait seule, qui n'avait pas de mari.
Il n'a connu qu'une seule femme, dans sa vie.
b. Elle a sa maison à elle, une maison qui lui appartient.
Sa maison est toujours bien tenue.
4. a. ... à qui/à laquelle - qu' - à qui - pour qui/pour laquelle - dont - laquelle - où.

Dossier 7 : Moi et les autres.

1 et 2 - **Exercices libres.**

3 - **Relisez le texte « Mœurs, qui parle à qui ? »**

a. paragraphe 4 - **b.** paragraphe 3 - **c.** paragraphe 2.

4 - **Complétez les phrases...**

1. ... les amitiés *se font plus facilement.* - **2.** ... les rencontres *se font plus difficiles.* - **3.** ...le temps libre *se fait plus rare.* - **5.** ...les échanges *se font plus sélectifs.*

5 - **Élevez des protestations...**

Réponses possibles :
1. *Il n'est pas logique d'imposer les mêmes limitations de vitesse à toutes les voitures. Pourquoi permettrait-on à une petite cylindrée ou à une vieille voiture de rouler à la même allure qu'une grosse voiture neuve ?*
2. *Il est immoral que le gouvernement augmente constamment les impôts alors qu'on ferait mieux de réduire les coûts en rendant les services plus efficaces et en évitant les gaspillages.*

3. *Il n'est pas tolérable qu'un fichier informatisé permette à toutes les administrations de violer la vie privée des individus.*
4. *Il n'est pas normal d'interdire dans tous les cas de faire du bruit jusqu'à dix heures du soir alors que les autorités ne se privent pas de tirer des feux d'artifice ou d'organiser des fêtes bruyantes de nuit.*

6 - Remplacez les locutions adverbiales...

1. *Égoïstement :* (Narcisse fait ce qu'il veut égoïstement.) - **2.** *activement* - **3.** *simplement* - **4.** *calmement* - **5.** *tristement* - **6.** *librement.*

7 - Complétez le texte...

... conformément - encore - En général - De plus - ainsi - le plus.

8 - Signes de familiarité.

1. *Formes linguistiques :* tutoiement, expressions familières ;
2. *Comportement :* bise, décontraction dans les manières ;
3. *Sujets de conversation :* personnels ;
4. *Sorties :* le cinéma, aller à une fête chez des amis.

9 - Classez les énoncés suivants...

3 - 5 - 1 - 6 - 4 - 2.

10 - Relevez les adverbes...

Lieu : *en* (France).
Temps : *aujourd'hui - à l'occasion.*
Négation : *ne... pas - ne... jamais.*
Restriction : *seulement.*
Manière : *d'emblée - vraiment - bien.*
Comparaison : *comme - le mieux - le plus.*
Intensité : *trop.*

11 - Exercice libre.

■ - Auto-évaluation

2. Réponses possibles :
Il peut employer le « vous » et attendre que son interlocuteur le tutoie. Il peut demander conseil à un ami français. Il peut observer ce que font les Français.

3. *simplement - plus - Cependant - certainement - éventuellement - très - Par contre - très - à coup sûr.*

Dossier 8 : Ils y croient

1 - Exercice libre.

2 - Observez le tableau de Millet...

1. Ils ont arrêté le travail. Ils ont la tête basse, une attitude de recueillement.
2. Les vêtements des deux personnages, la brouette et la fourche situent ce tableau au XIXe siècle.
3. Le recueillement et la prière du soir alors que sonnent les cloches de l'église lointaine pour l'Angélus. Le tableau évoque la paix, le respect des valeurs religieuses, la soumission et la pauvreté des paysans.

3 - Exercice libre.

4 - Lisez le compte rendu de l'interview...

Comme les autres, elle réagit contre les valeurs des jeunes des années 70.
Elle veut se réaliser professionnellement. Elle a envie de fonder une famille. Elle est romantique et passionnée. Elle n'est révoltée ni contre la société ni contre sa famille.

5 - Faites-les correspondre.

1. b. - **2.** d. - **3.** e. - **4.** a. - **5.** c.

6 - Après avoir lu « Le mal de mère »...

Résumé du film :
Un plongeur veut battre le record de plongée. Il est irrésistiblement attiré par les profondeurs de la mer et par les dauphins, ses semblables. Il finit par disparaître au fond de la mer.

7 - Faites des hypothèses...

Réponses possibles :
1. ... c'est parce qu'il peut atténuer leurs angoisses. - **2.** ... c'est parce qu'ils

161

veulent échapper au monde qui leur fait peur. - **3.** ... c'est parce qu'ils s'y sentent en sécurité. - **4.** ... c'est parce qu'ils s'y sentent protégés. - **5.** ... c'est qu'ils sont fragiles, perdus et terrifiés.

8 - Qu'est-ce qu'on peut supposer?

Réponses possibles:
1. ... c'est qu'il reçoit beaucoup de dons en argent. - **2.** ... ils ne pourraient pas protéger efficacement la nature. - **3.** ... des soirées de bienfaisance pourront être organisées. - **4.** ... il ne suffirait pas. - **5.** ... il faut lutter pour elle. - **6.** ... sera meilleure. - **7.** ... tout se passera bien.

9 - Qu'est-ce qui peut vous mettre sur la piste?

Réponses possibles:
1. *Dénuement*: contexte et situation = pauvreté.
2. *Appui matériel*: contexte écho dans «subvenir plus longtemps à ses besoins» = aide financière.
3. *Revers de fortune*: contexte «à cause de cet événement», elle ne peut plus aider financièrement sa parente.
4. *Subvenir à ses besoins*: contexte «aider à vivre».
5. *Préjugés*: contexte et formation du mot (*pré-jugé, jugé à l'avance*) = idées toutes faites qui vous empêchent de voir les choses raisonnablement.

■ - Auto-évaluation.

1. Remarque: dans la mesure où les étudiants, ou les compatriotes des étudiants, partagent certains de ces fantasmes (la plupart sans doute), on peut penser qu'ils sont sinon universels, tout au moins très répandus...

3. Complétez...
a. *À moins que...* - **b.** *Pour peu que...* - **c.** *Même si...* - **d.** *S'...* - **e.** *Si.../ Pour peu que...*

Dossier 9 : L'école... et après?

1 - Complétez les phrases...

1. Bien que / Quoique - **2.** En dépit - **3.** Quel que - **4.** Bien que - **5.** Aussi... que - **6.** Aussi... que - **7.** Malgré - **8.** Bien que...

2 - Un de vos amis...

Réponses possibles :
1. Des regrets : *Désolé(e) que tu n'aies/vous n'ayez pas réussi.*
Tu aurais dû être reçu !
Des critiques amicales : *À ta place, j'aurais travaillé davantage !*
Tu n'as pas mis toutes les chances de ton côté !
Des souhaits : *La prochaine fois, pas de blague !*
Tu l'auras à la prochaine session !
Des félicitations : *Ça, alors, toutes mes félicitations !*
Tu l'as bien mérité !
Des encouragements : *Si quelqu'un comme toi n'est pas reçu...*
Tu t'y es bien préparé, tout ira bien, tu verras.

3 - Complétez ces phrases.

Réponses possibles :
1. ... était professeur. - **2.** ... qu'il y ait une autre session en septembre. - **3.** ...
ça ne soit pas suffisant pour apprendre l'anglais. - **4.** ... c'était la première fois
qu'il partait seul avec son frère. - **5.** ... ne s'était pas occupé de son fils.

4 - Exercice libre.

5 - Présentez l'une des deux idées...

Réponses possibles :
1. Quelle que soit la grande école que vous choisissez, elle ne vous admet que
sur concours. - **2.** Si fort que soit un candidat, il n'a pas la certitude d'être
reçu. - **3.** Quel que soit son diplôme de grande école, un ingénieur est assuré de
trouver un emploi. - **4.** Aussi importants que soient les salaires offerts à la sortie
de l'école, certaines entreprises paient des élèves pour s'assurer leurs services. -
5. Malgré six ans d'études supérieures, 10 % des diplômés d'université ont du
mal à trouver un emploi.

6 - Définitions.

Réponses possibles :
1. Un chasseur de têtes est une personne qui doit pouvoir répondre à la demande
des sociétés et leur trouver des cadres de talent, quelles que soient les
exigences. - **2.** Un chef d'entreprise est une personne qui doit posséder compétence et charisme. - **3.** Un sportif de haut niveau est un individu exceptionnel qui
doit faire beaucoup de sacrifices pour progresser.

7 - Dérivation.

1. *Récent - courant - prudent.*
2. Que les terminaisons *-ent* et *-ant* des adjectifs entraînent une terminaison en *-emment* et *-amment* de l'adverbe dérivé.
3. *violemment - brillamment - intelligemment.*

8 - Complétez les propositions concessives.

1. *Quelque doué qu'il soit / Si doué qu'il soit...*
2. *Quelles que soient...*
3. *Aussi grande que soit...*
4. *Bien que / Quoique...*
5. *Elle a beau avoir...*

9 et 10 - Exercices libres.

11 - Transformez l'opposition en concession.

1. Bien qu'on forme beaucoup d'ingénieurs, on ne sait pas...
2. Quoique certaines filières...
3. Quelque dynamiques et ambitieux que soient les jeunes cadres...
4. Malgré leur situation matérielle favorable, les cadres sont des salariés...

12 et 13 - Exercices libres.

■ - Auto-évaluation.

2. Réponses possibles :
  a. Je suis très content de ton succès. Tu l'as bien mérité !
  b. Ça me fait vraiment de la peine que tu aies décidé de partir.
  c. Pourvu que tu réussisses comme tu le mérites ! Je suis certain que tu vas réussir.

3. Réponses possibles :
  a. Même si on fait de longues études, on n'a pas un avenir brillant garanti pour autant.
  b. On a beau être surdoué, on peut être incapable de réussir à un concours.
  c. Bien que les formations soient de plus en plus spécialisées, l'ouverture d'esprit est de plus en plus recherchée.

Dossier 10 : Le poids des mots

1 et 2 - Exercices libres.

3 - Marquez la relation de cause à effet...

Réponses possibles :
1. *Étant donné que / Vu que / Comme* les journalistes...
2. *Comme / Étant donné que / Puisque* la liberté de l'information est souvent attaquée, on doit la défendre.
3. *Comme / Puisqu'on* ne connaît pas l'origine...
4. *Puisque* cette information...
   On doit rectifier cette information *parce qu'*elle est inexacte.
5. *Puisque* la vérité...
   Il faut faire respecter la vérité *parce que* c'est la chose la plus importante.
6. *Puisque* « le Monde » s'adresse à un public d'intellectuels...

4 - La plupart des journalistes d'Europe occidentale...

1. Réponse libre.
2. Réponses possibles :
   Ne jamais révéler un secret professionnel.
   S'interdire tout plagiat.
   Ne pas faire de publicité déguisée dans ses articles, ni de publicité mensongère.
   Résister aux pressions, d'où qu'elles viennent.

5 - Pouvez-vous expliquer ces allusions ?

1. Brice Lalonde, écologiste alors ministre de l'Environnement, part en guerre contre la pollution sous toutes ses formes et, en particulier, contre celle causée par les voitures. D'autre part l'automobile est concurrencée en France par les voitures japonaises et allemandes. Une grosse voiture, conduite intérieure, s'appelle une berline. Allusion au mur de Berlin.
2. Claude Bez, président du club des Girondins de Bordeaux, a géré de façon discutable le club et a été même poursuivi en justice. C'est une allusion à la façon dont sont gérées les équipes de football en France, à la manière de Claude Bez !
3. La basilique de Yamoussoukro en Côte d'Ivoire a coûté des fortunes alors que le peuple est très pauvre. Jeu de mot sur « Dieu soit loué », formule consacrée pour remercier Dieu des bienfaits qu'il accorde, et *dispendieux* : très coûteux, extravagant.
4. On joue au rugby avec un ballon ovale.
   Les ronds : les sous (forme des pièces) = l'argent.
   Le monde du rugby empoisonné par des affaires financières.
5. *Faits divers* : rubrique journalistique désignant les informations de moindre importance.

Forfaits: crimes, délits graves.

La compréhension de ces phrases passe par:

- une connaissance de l'actualité française et internationale,
- une connaissance des allusions, proverbes, dictons, slogans publicitaires... qui font partie du bagage culturel des Français.
- une bonne connaissance des registres de langue.

6 - Complétez les phrases...

1. *En raison de* leur pouvoir... - **2.** ... *pour* leur manque d'objectivité. - **3.** *Pour / Afin de* concurrencer... - **4.** ... *non que* les principes fondamentaux... *mais parce qu'* il est bien difficile... - **5.** ... *soit qu'... soit qu'...*

7 - Rapportez-vous au texte « Le pouvoir des médias ».

1. La fonction « sujet ». - **2.** *Le journal - un moyen pour les partis - il s'est fait commerce - Tout journal est une boutique - Un journal - les opinions - tous les journaux - ils - les idées - les systèmes - les hommes - tous les êtres de raison - le mal - personne - les crimes collectifs - le journal - la conduite.* - **3.** Vérité générale et prédiction. - **4.** Aucune : Balzac exprime des certitudes à valeur générale. - **5.** *Sacerdoce* (ce que n'est pas le journal) - *beauté, bonté* (des bossus) - *fleuriront* : utilisé par dérision - *les êtres de raison* : attaqués pour leur irresponsabilité - *un mot sublime* : attribué à Napoléon. Le journal, lui, ne reçoit que des épithètes péjoratives. - **6.** À Napoléon.

8 - Comment sont-ils écrits ?

I. *Procédés*
1. a et c - **2.** b - **3.** a. et d. - **4.** a. et d. - **5.** a. et c. - **6.** a. et d.

II. *Slogans*
1. Station de radio - **2.** Supermarché - **3.** Chaîne de télévision - **4.** Produit alimentaire ou parfum - **5.** Un bijou de prix.

■ - Auto-évaluation.

1. Réponse libre.
2. *Le Figaro* (droite) - *Libé* (gauche) - *L'Humanité* (communiste).
3. D'être corrompus et de servir le pouvoir et l'argent.

Dossier 11 : Paysage audiovisuel

1 - Exercice libre.

2 - Quels sont les dangers... ?

Réponses possibles :
1. On ne montre que les aspects dramatiques d'une situation, même s'ils ne sont pas caractéristiques de l'ensemble. - **2.** On joue sur les émotions du téléspectateur. - **3.** On n'a pas le temps de faire des analyses sérieuses et on reste à la surface des choses. - **4.** Le pouvoir politique s'arrange presque toujours pour contrôler, soit directement, soit indirectement par pressions sur les journalistes ou sur la rédaction, les informations diffusées. - **5.** Comme les chaînes vivent de publicité, elles ne peuvent pas passer d'informations qui porteraient tort à leurs gros annonceurs. - **6.** On confond souvent ce qu'on voit et ce qui est vrai. Le regard du journaliste peut facilement dénaturer la « réalité ». - **7.** Les journalistes doivent travailler très rapidement, sont en concurrence avec leurs confrères sur le terrain et ils n'ont pas souvent le recul nécessaire.

3 - Que faudrait-il faire ?

On pourrait également employer : *Il serait souhaitable que...* - *Il suffirait que...* - *On pourrait...* - *Il conviendrait de...*

4 - Ces raisons sont-elles valables ?

Réponses possibles :
Le bas niveau des programmes : *Comme ça il est plus facile de modérer sa consommation. Si tout était intéressant, on passerait sa vie devant le petit écran !*
L'invasion de la pub : *Ça permet de rapporter le plateau télé à la cuisine sans perdre le fil de l'émission interrompue par la page de publicité.*
Le danger d'illetrisme : *La télé ne développe-t-elle pas d'autres compétences ?*
Le risque d'accepter la misère comme une fatalité : *C'est aussi la possibilité d'être informé sur l'état du monde.*
La télé contre la vie de famille : *Au moins, pendant ce temps-là, on ne se dispute pas !*
Inesthétique : *On peut décorer le poste avec un vase ou un cadre avec des photos !*
Renoncer : *Il faut apprendre en famille à modérer sa consommation.*
Le plaisir : *Il faut utiliser* Télérama *ou un autre magazine de programmes pour sélectionner les choses intéressantes et approfondir ses connaissances sur les réalisateurs, les comédiens et l'histoire du cinéma. Le magazine télé rend la consommation télévisuelle plus intelligente.*

5 - Complétez avec des adjectifs ou des pronoms réfléchis.

1. *Toutes les...* - **2.** *... n'importe quoi.* - **3.** *... certaines / plusieurs / quelques...* - **4.** *Toutes - même - certaines - d'autres - d'autres...* - **5.** *... quelqu'un - quelqu'un d'autre.* - **6.** *... certains - tous.* - **7.** *Certains - plusieurs - même...*

6 - Mettez l'objet en valeur.

1. Les femmes au foyer surtout sont intéressées par la radio. - **2.** Ni les étudiants ni les cadres ne sont attirés par la radio. - **3.** Les programmes sont suivis 2 h 47 par jour en moyenne. - **4.** L'interactivité, le lien direct avec l'auditeur, sont privilégiés par certaines radios. - **5.** La sanction de l'audimat est acceptée par les radios. - **6.** 13,9 % des auditeurs ont été atteints en fin 89. - **7.** Nos programmes ont été mis au goût du jour.

7 - Complétez les phrases.

1. *Certaines - d'autres...* - **2.** *Personne - chaque...* - **3.** *Chacun...* - **4.** *Quelques - diverses...* - **5.** *... quelque chose - n'importe quelle...*

8 - Trouvez les six questions...

Réponses possibles :
1. Combien d'auditeurs atteignez-vous ? - **2.** Quelle est votre « vitrine » actuellement ? - **3.** Qui couvre les faits ? - **4.** Quel est le rôle des grandes signatures ? - **5.** Quel genre d'équilibre recherchez-vous ? - **6.** Quelle est l'ambition d'Europe n° 1 ?

9 - Comment s'y retrouver ?

2. Deux premiers paragraphes : Saint-Panurge, patron des programmateurs.
Paragraphes 3 à 6 : effets du zapping : confusion du téléspectateur.
Dernier paragraphe : « un nouveau saint est né ».
3. TF1   *Reportages* : portrait de Michel Charasse.
Antenne 2 *Tranche de cake* : invité, Laurent Fignon.
FR3   *Conférence de presse* du Président de la République.
Canal +   *24 heures* : la rencontre de Malte.
La Cinq   *Journal*, puis *Magazine Perfecto*.
4. a. Ministre du budget - **b.** Coureur cycliste - **c.** Président de la République - **d.** Présentation de CBS Evening News - - **e.** Chanteur d'un groupe rock.
5. a. *... cette simultanéité - cette concurrence dans la similitude... - Il ne me restait... - finira par pousser le téléspectateur à... -* **b.** *... en examinant le résultat*

de leurs activités - **c.** ... *ne possédant pas plusieurs magnétoscopes* - **d.** ... *film contre film, variétés contre variétés... - le seul qu'intrigue... - qu'intéresse... - qui pense...* - **e.** ... *diffusait - retransmettait - faisait humer - le lui reprenait - revoyait...* - **f.** ... *sortit - rabroua - laissa venir...*

6. Noms : *Programmateur - magazine d'information - tranche horaire - zapping - présentateur.*
Verbes : *Diffuser - retransmettre.*

■ - Auto-évaluation.

4. Réponses possibles :
a. Quelques-unes / Aucune. - **b.** Certaines émissions diffusées par les chaînes publiques. - **c.** Quelques émissions culturelles. - **d.** J'en connais plusieurs. - **e.** Toutes sortes de gens.

Dossier 12 : De gauche à droite

1 - Reconnaissez-vous ces sigles ?

1. Rassemblement pour la République - **2.** Mouvement des Radicaux de gauche - **3.** Parti communiste français - **4.** Union du centre - **5.** Parti socialiste - **6.** Front national - **7.** Union pour la démocratie française.

2 - Complétez les phrases...

1. *puisque* - **2.** *c'est pourquoi* - **3.** *puisque* - **4.** *ainsi* - **5.** *par conséquent* - **6.** *c'est pourquoi.*

3 - Exercice libre.

4 - Quelques constatations pouvez-vous faire ?

1. Le Président a le pouvoir de décision en matière de politique étrangère et de commandement des armées. Il nomme le Premier ministre et peut dissoudre l'Assemblée nationale. Il peut s'adresser directement aux citoyens par voie de référendum.
2. Le Président peut être amené à gouverner avec un Premier ministre et une Assemblée nationale dont la majorité lui est hostile. C'est ce qui s'est passé en France de 1986 à 1988.

5 - Rendez le lien de cause à effet.

1. de telle sorte qu'il - **2.** à tel point qu'il ne peut plus - si bien qu'il ne peut plus - **3.** de telle sorte que - **4.** de sorte que - **5.** si bien que / de telle sorte que.

6 - Lisez les opinions exprimées...

- **2, 3** et **5** semblent « engagés ».
- **1** et **8** ont leur propre définition de l'engagement.
- **4, 6** et **7** semblent refuser les partis politiques et donc l'engagement.

7 - Reliez les deux phrases avec un pronom relatif.

1. ... les institutions *auxquelles* ils se sont ralliés. - **2.** ... François Mitterrand *pour lequel* ils ont cependant voté. - **3.** ... un grand parti *pour lequel* ils militent. - **4.** Les grandes causes *auxquelles* elle consacre tout son temps la passionnent. - **5.** ... de problèmes à résoudre *sur lesquels* nous aimerions... - **6.** ... un monde nouveau *dans lequel* / *où* les gens... - **7.** ... ce temps *où* tout allait mieux. - **8.** Le chemin *par où* il faut passer sera difficile.

8 - Mettez les mots soulignés en relief.

1. C'est en 1963 que... - **2.** C'est de politique que Sartre et elle discutaient. - **3.** Ce qu'ils souhaitaient, c'est/c'était la défaite du capitalisme. - **4.** C'est directement qu'ils voulaient... - **5.** C'est de lui qu'il lui fallait parler. - **6.** C'est sur leurs amis de la Résistance qu'ils comptaient. - **7.** C'est au leur que notre sort était lié. - **8.** C'est en 1939 que... - **9.** C'est de leur liberté qu'il s'agissait / Ce dont il s'agissait, c'est de leur liberté. - **10.** C'est à la guerre que nous devions...

9 - L'article de Max Gallo.

1. ... *ce pourrait être* - **2.** ... *bien qu'il les ordonne comme la grande majorité de ses concitoyens* - **3.** *Trois mots (...). Et qui marquent donc la continuité - La gauche et la France... sont décidément fermement laïques.*

10 - Relevez au moins cinq observations...

1. ... *ne souhaite pas de bouleversement...* - **2.** ... *veut une sorte d'État « autoroutier »...* - **3.** ... *n'aime guère le mot « effort »...* - **4.** *Le mot « réforme » lui-même, elle ne l'apprécie pas.* - **5.** *Elle occupe, en pantoufles, le centre...*

11 - Exercice libre.

■ - **Auto-évaluation.**

1. **a.** François Mitterrand - **b.** Le parti socialiste - **c.** Sept ans - Oui.
   d. et e. Réponses libres.
2. Dans les années 45-60, après la Deuxième Guerre mondiale.
3. Réponses possibles :
   a. Comme ils ont réalisé un excellent score, ils sont heureux.
   b. En étant présents dans 175 villes de plus de 3 500 habitants, ils triplent leur nombre de voix.
   c. Étant donné qu'ils ont plus de dix pour cent des voix dans 24 villes, ils peuvent se maintenir au deuxième tour de scrutin.
   d. Ils ont fait un bon score dans 42 villes. C'est pourquoi ils peuvent négocier des accords de fusion.
   e. Parce qu'ils auront des sièges supplémentaires, ils auront un poids réel dans la vie locale.

Dossier 13 : France, terre d'accueil ?

1 - « Douce France ».

1. *En Afrique / Ailleurs.* - **2.** Imaginés pour la plupart d'entre eux qui sont nés en France de parents immigrés et qui ne sont jamais allés en Afrique / vécus pour ceux qui y sont allés en vacances. - **3.** Un attachement à la France rurale, mythique et éternelle (la « douce France », fertile et accueillante). - **4.** Ils veulent vivre en France, mais ils gardent une certaine nostalgie du pays de leurs parents. - **5.** Une profession de foi ; l'affirmation d'une préférence.

2 - Réfléchissez, informez-vous.

1. La France avait beaucoup de colonies en Afrique.
Exemple : l'Algérie a été conquise à partir de 1830. La France ne s'en est retirée qu'en 1962. Les autres pays d'Afrique accèdent à l'indépendance dans les années 60.
La France avait imposé sa langue et son administration. Étant donné des conditions économiques souvent très difficiles, beaucoup d'Africains cherchent à émigrer.
2. Les Beurs sont partagés entre la culture de leurs parents et la culture du pays où ils ont été élevés. Beaucoup d'entre eux veulent s'assimiler.
3. Parce que la France connaît des problèmes économiques et politiques et que l'immigration, légale et illégale, a été importante de 1970 à 1980. De plus, des différences de cultures et de religions rendent parfois difficile la coexistence des différentes communautés. Enfin, il ne faut pas oublier le rôle que J.-M. Le Pen et le Front national, d'une part, et la montée de l'intégrisme, d'autre part, ont joué dans les attitudes racistes des années 80.

3 et 4 - Exercices libres.

5 - Lexique.

1. *Avoir les côtes en long - se faire de l'oseille - abattre du boulot - bouffer - son Jules - (le pain était) mastic - jaffe - chiftire.*
2. Réponse libre.

6 - Exercice libre.

7 - Dans le texte « Il était une fois un Togolais ».

1. Cause à effet :
   a. Les 4e et 5e paragraphes.
   b. *On l'écoute, on le respecte* (effet).
   Cet homme cultivé... (cause).
   c. Pour la simple raison qu'ils l'ont trouvé « compétent », les Coulisiens se sont choisi un édile « nègre ».
2. Comparaisons :
   a. *La peau noire comme une nuit sans lune.*
   b. *Un ancien précieux comme une bibliothèque.*

Dossier 14 : « Entrée des artistes »

1 - Faites des suppositions...

Réponses possibles :
1. Il semble que la grande majorité d'entre eux...
2. Selon des statistiques récentes, moins de la moitié irait...
3. Il semblerait que le petit nombre qui (...) irait en croissant.
4. On dit que seule une faible proportion fréquenterait...

2 - Dans le texte « Culture : état de la France »...

1. Une énumération : *Trois pièces à conviction : l'« effet télé », la persistance des inégalités culturelles et la chute impressionnante de la lecture.*
Elle sert à structurer la deuxième partie du texte en annonçant les trois paragraphes qui suivent.
... le diplôme, l'habitat et *l'âge* : énumère les facteurs de l'inégalité.

2. Des oppositions : Elles prennent plusieurs formes :
un sur deux / quatre / dix - deux sur trois - mais la plus surprenante... - Cependant, il y en a qui pensent... - Plus étonnant cependant : il y a un bon usage de la télévision - Ceux qui ne la regardent jamais (...) que ceux qui limitent leur durée d'écoute... - Les moins de 25 ans (...) les plus défavorisés... - Mais les plus défavorisés... - Les moins atteints...
3. L'auteur introduit par deux fois une remarque personnelle en des termes chargés d'affectivité dans un compte rendu de sondage qui se veut objectif : *Mais la plus surprenante est le journal intime - Plus étonnant cependant...*

3 - Quelles étaient les questions ?

Réponses possibles :
1. Quelle profession exercez-vous ? **2.** Quelles études avez-vous suivies ?
3. Combien d'heures par semaine en moyenne regardez-vous la télévision ?
4. Quelles sont vos sorties préférées ? **5.** Combien de livres lisez-vous par mois ? Quel genre de livres ? **6.** Est-ce que vous allez souvent au concert, au théâtre ? **7.** Est-ce que vous pratiquez un art en amateur (musique, peinture, écriture, danse...) ? **8.** Allez-vous souvent dans des bibliothèques, des expositions, des musées ?

4 - La Bédémanie.

1. *Bédéphilie* : amour de la BD, intérêt pour les bédés (B.D.).
Bédémanie : « grave psychose qui consiste à faire la chasse aux bédés ».
2. Astérix et Obélix, le capitaine Haddock, les Dupont, Gaston Lagaffe...
3. Les éditeurs et les marchands de gadgets (Exemple : le tee-shirt de Gaston Lagaffe dit « M'enfin ! »).
4. Les adolescents mais aussi certains adultes et certains universitaires.
5. Il s'insurge contre cette forme de snobisme.
6. En utilisant un mot comme « psychose », en se moquant des universitaires, en critiquant les faiseurs d'argent.
« M'enfin ! » est l'expression favorite de Gaston Lagaffe. Elle exprime son impuissance et, en fin de compte, son esprit de tolérance.

5 - Les murs de Paris...

1. et **3.** : Réponses libres.
2. Cela révèle un intérêt pour un art populaire qui n'est pas encore « reconnu ». C'est également un moyen de décorer la ville et de subventionner des artistes.
4. La photographie s'affirme dans les années 80 ; la « vidéo art » ; le roman policier.

6 - Dans le texte « Les maîtres n'imitent personne »...

1. *Farouche*: violent, sauvage, acharné - **2.** *Intransigeant*: qui ne fait aucune concession, qui n'admet aucun compromis, irréductible - **3.** *Lâcher*: abandonner - **4.** *Servilement*: comme un esclave, sans aucune originalité - **5.** *Platitude*: (de plat) ce qui est plat, sans relief, sans imagination - **6.** Arrangement: disposition, organisation, agencement.

7 - Exercice libre.

8 - Le discours de Malraux.

1. a. Grandeur: *génie - maîtres - liberté éclatante - sans égale - puissance - force de symbole si grande - tout le passé du monde.*
b. Révolution picturale : *la plus importante du siècle - la destruction de l'imitation des objets et des spectacles - la liberté de la peinture.*
2. Avoir joué un rôle décisif, dominé son art, révélé l'art du passé non figuratif, exprimé la France.
3. Il emploie le « nous » de majesté. Il parle au nom de la France.
4. Pour tous, mais surtout pour la postérité.
5. *Admiration - génie - rôle décisif - le plus pénétrant - liberté éclatante - domination sans égale - puissance - une force de symbole si grande.*
6. a. Noms: *génie - liberté - passé.*
b. Verbes: *tenir à - révéler.*
7. *Enfin ces tableaux exprimaient la France.*

9 - Le Bal de N'Dinga.

1. Toute cette partie du texte a « l'air de cha cha » comme agent principal. Il y a plus de dix références en quelques lignes. On peut compter dix-huit références au personnage de N'Dinga.
2. *... le prit à la gorge - l'arrêtait dans son travail - le distrayait - le secouait - le bouleversait - sa vie prenait des couleurs et senteurs de fleurs - s'incrustait dans son sang - massait ses muscles - le mettait en émoi - lui caressait le corps, l'âme - lui faisait venir des larmes aux yeux - sentiment de joie et de nostalgie - une envie de mourir et de ressusciter - cassait ses nerfs et fatiguait sa tête.*
3. « Attention au patron », Van Bilsen, dans le dernier paragraphe.
4. N'Dinga, le Congolais, exploité par son patron belge Van Bilsen, excité et exalté par le cha cha du musicien Kabasélé, rêve d'indépendance.
5. « Une drogue, un crescendo... qui mène au bord de l'extrême délire, comme une envie de mourir ». On peut présager que nous assisterons à un drame et que cette « drogue » en sera la cause.

Dossier 15 : Génération TGV

1 - Définissez.

Réponses possibles :
1. C'est une carte qui permet de téléphoner à partir d'une cabine ; elle garde en mémoire la trace des sommes dépensées et de la somme qui reste disponible.
2. C'est un appareil qui permet de transmettre un document à distance sous sa forme originale ; c'est une photocopieuse qui fonctionne à distance.
3. C'est un disque qui reproduit les sons et les images avec une très grande fidélité grâce au lecteur laser.
4. C'est un appareil qui permet d'explorer les organes en médecine et, branché sur un ordinateur, de reproduire des images.
5. C'est un appareil capable d'agir automatiquement pour une fonction donnée.

2 - Imaginez.

Réponses possibles :
1. Par courrier terrestre ou maritime. - **2.** Par courrier, mais on disposait également du télégraphe et, à la fin du XIXe siècle, du téléphone. - **3.** Il n'y avait encore, dans l'usage courant, ni le modem ni le télécopieur.

3 - Le soft fait fort.

1. *L'informatique correspond à notre esprit cartésien - leur compétence est devenue universelle - nous n'avons pas de machine mais nous avons des idées.*
2. a. Temps : *en 1989 - au moment voulu - entre 1960 et 1970.*
    b. Coordination : *or - et.*
    c. Opposition : *pourtant - si (aucune d'entre elles ne suffit) - paradoxalement - mais.*
    d. Conséquence : *du coup conclusion.*
3. La dernière, car c'est la plus réaliste. La deuxième peut être considérée comme un semi-hasard heureux et la première relève du domaine des idées toutes faites. L'ordre adopté est l'ordre croissant d'importance.
4. a. Référence (cataphorique : à un élément placé après) à 1000 milliards de francs.
    b. Dans le domaine du « soft » informatique (logiciels services).
    c. L'ensemble des explications.

4 - Dans le texte « Un projet ancien ».

1. a. Expressions de la conséquence : *si loin que - donc - eh bien - le projectile - mais son ignorance va si loin qu'il ignore même les difficultés.*
    b. Oppositions : *mais (son ignorance) - mais (revenons) - il n'en est rien - quant à nous.*

175

c. Généralisations : *les difficultés - la loi du progrès - l'homme - ne sont que des projectiles - tous les astres - l'humanité.*
2. *sons* : un « ignorant », Michel Ardan.
Il : même référent, Michel Ardan.
nous/nôtre : moi (Michel Ardan) et vous (les membres du club).

5 - Quel sens le temps des verbes donne-t-il aux énoncés ?

1. ... *ont pu* : passé composé, action passé révolue. - **2.** ... *sera* : futur prédictif. - **3.** ... *l'emportent* : présent, vérité générale (scientifique). - **4.** ... *serait* : conditionnel, hypothèse. - **5.** ... *va aller* : intention, ici l'affirmation prédictive forte. - **6.** ... *ira* : futur prédictif.

6 - La logique du raisonnement.

1. Vous avez affaire à un « ignorant » (il prouve sa modestie et ainsi sera plus crédible). - **2.** Rhétorique et empirisme. - **3.** Les astres l'emportent en rapidité ; par rapport aux progrès à venir la vitesse de nos projectiles ne sera jamais excessive (la vitesse est une notion relative). - **4.** En s'adressant directement à eux. - **5.** D'esprits bornés.

7 - Relisez le texte « Les greffes d'organes ».

1. Le donneur et le receveur. - **2.** Une meilleure acceptation de l'organe transplanté. - **3.** Pour ses travaux sur l'immunologie. Ses travaux ont permis une amélioration dans la transplantation d'organes.

8 - Comment la temporalité est-elle marquée dans le texte ?

1. *En 1981 - Dès 1958 - En 1985.*
2. Le passé simple a valeur de passé révolu (1958) : un événement décisif dans la vie du chercheur. Les passés composés présentent des événements passés qui ont encore des effets sur le moment où on parle. Ces passés composés expriment un lien entre le passé (le participe) et le présent (l'auxiliaire).
3. L'antériorité par rapport à la date donnée (1985).

■ - Auto-évaluation.

4. a. Le projet de l'avion spatial Hermès est remarquablement mobilisateur. - **b.** Paragraphe 1 : Projet de missions pour l'avion spatial Hermès ; Paragraphe 2 : Caractéristiques de l'avion spatial ; Paragraphe 3 : Un programme mobilisateur. - **c.** Reprises lexicales : *l'avion spatial Hermès - le véhicule habité - Hermès - ce programme.* Références pronominales : *la fonction - celle de... - Hermès - lui-même - y.* Temps des verbes : futurs (de prédiction) : *seront - sera - aura - pourront* ; passé composé, fait réel passé : *a présenté* ; présent, faits réels présents : *dissocie, est.*

Imprimé en France par I.M.E. - 25110 Baume-les-Dames
Dépôt légal n° 4082-07/1991
Collection n° 26 - Edition n° 01
15/4822/1